네트워크마케팅 시스템을 알면 성공한다

나는 성공에 굶주려 있다.

행복과 마음의 평화에 목말라 있다.

행동하지 않는다면 아마 나는

실패와 불행, 그리고 마음의 고통으로 죽게 되리라.

나는 스스로에게 명령하고,

그 명령에 스스로 복종할 것이다.

- 오그 만디노의 「위대한 상인의 비밀」 중에서 -

네트워크마케팅 시스템을 알면 성공한다

석세스기획연구회 지음

모아북스
MOABOOKS

당신은 올바른 선택을 했다

시대가 변하면 환경도 변하고, 환경이 변하면 습득해야 할 지식도 변한다.

이 책은 지난 10여 년간 수많은 네트워크 사업자들을 성공으로 이끈 네트워크마케팅의 바이블, 〈네트워크마케팅, 시스템을 알면 성공한다〉의 개정판으로서 환경의 변화만큼 새로워진 내용으로 재편하였다.

그렇다면 이 개정판은 어떻게 도움을 줄 수 있을까?

네트워크마케팅은 반세기 가까운 역사를 통해 규모와 질이 발전해온 21세기 최고의 비즈니스다. 그간 이 비즈니스를 통해 많은 백만장자들이 탄생했으며, 지금 이 순간에도 수많은 사람들이 이 사업을 통해 성공하고 있다.

그러나 네트워크비즈니스 역시 평범한 다른 사업들과 비슷한 점이 하나 있다. 그 시작은 같아도 결국 성공한 사람이 있는 반면, 실패한 사람도 있다는 점이다. 그렇다면 이 사업에서 성공한 사람과 실패한 사람의 차이는 무엇일까?

왜 성공하고, 왜 실패하는가?

네트워크마케팅으로 부자 된 사람들은 한 가지 문제를 지적한다. 모든 일에 있어 사전 연습과 분석이 필요하듯 네트워크마케팅 또한 정확히 알고 배운 뒤 시작해야 한다는 것이다.

특히 이 사업은 혈혈단신 홀로 일궈가는 사업이 아니라 한 사람이 부자가 되면, 그와 사업하는 다른 이들도 함께 부자가 되는 팀워크 사업으로 다양한 인적 관계망을 통해 발전하고 확대된다.

따라서 이 비즈니스는 제대로 된 개요를 배워 타인까지 성공할 수 있게 도울 만한 경험적 양분을 체득해야만 성공에 더 가까워진다. 그럼에도 많은 이들이 제대로 된 안내서

한 번 들여다보지 않고 급하게 사업에 달려들고 있다는 점은 안타깝다.

물론 이 사업은 적은 자본으로 사업이 가능하고, 무경험자도 성별과 나이에 관계없이 얼마든지 도전이 가능하다. 하지만 진입장벽이 낮다고 '일단 하면 쉽게 성공할 수 있는 사업'이라고 여긴다면 단언컨대 그렇지 않다는 점을 말하고자 한다.

바이블, 선택이 아닌 필수

이 책은 오랜 시간 네트워크마케팅 사업자들로부터 큰 사랑을 받았던 바이블을 최근 변화한 사업 환경을 고려해 개정함으로써, 사업을 진행하는 데 최적의 실행 방법을 체계적이고 단계별로 제시하고 있다.

실로 네트워크마케팅 역사 반세기 동안 수많은 이들이 사업에 도움 되는 책들을 읽으며 성공을 일구었고, 따라서 바이블을 잘 선별해 읽는 것이 사업에서 중요한 역할을 해왔다.

이처럼 올바른 지식을 선별해 익히는 것이 중요한 것은 네트워크마케팅이야말로 정보와 지식, 자기관리의 싸움이기 때문이다.

즉 아무리 큰 의욕과 박식한 지식을 가졌더라도, 네트워크 마케팅의 새로운 세계에 발들이려면 반드시 이와 관련된 폭 넓은 지식과 정보를 익혀두어야 한다. 결국 많이 알고, 많이 이해하면 성공하는 것이 이 사업인 만큼 네트워크마케팅에 도전하겠다는 마음을 먹었다면 사업의 바이블인 이 책을 먼저 숙독하기를 권한다.

시스템이 성공의 첫걸음

또 하나, 사업에 도전하기에 앞서 관련 지식을 정확히 익혀야 하는 또 하나의 이유가 있다. 그것은 이 사업이 '시스템' 이라는 것을 통해 이루어지기 때문이다. 혹자는 이렇게 말한다.

"네트워크마케팅이라는 사업이 가지는 가장 큰 가치는, 누구나 성공할 수 있도록 검증된 시스템을 가졌다는 점이다."

시스템이란 말 그대로 한 사업을 이루고 진행시키는 중심된 틀을 말한다. 이 시스템이 없다면 비단 네트워크마케팅이 아닌 어떤 사업도 제대로 할 수 없다.

나아가 네트워크마케팅은 이 시스템의 힘이 절반이라고 해도 과언이 아니며, 사업에서 제시하는 시스템만 철저히 따라도 절반은 성공한다.

운동을 하려면 자세를 배우고 자세를 가다듬기 위해 훈련을 하는 것처럼, 네트워크마케팅에서는 시스템이 그 훈련 프로그램의 역할을 하는 것이다.

실제로 이 사업에서 성공한 사람들은 대다수 자신의 능력과 노력도 중요하지만 시스템 덕분에 성공했다고 말한다. 시스템이야말로 이 사업에서 성공한 이들의 경험 속에서 탄생한 것인 만큼 자신의 생각보다는 시스템을 겸허하게 따르는 것이 성공의 비결이라는 것이다.

이런 취지에서 이 책은 사업의 전반적인 진행방법과 동시에 시스템 실행으로 성공할 수 있는 방법을 담고 있다.

이 책을 읽으며 시스템의 기본 틀임을 배워간다면 분명히 큰 성과를 낼 수 있다.

변화와 함께 하는 1인 비즈니스에 도전하라

세상에는 두 부류가 있다. 하나는 변화를 환대하며 받아들이는 사람들이고, 또 한 부류는 변화를 두려워하고 피하려 하는 사람들이다. 이 중에 누가 성공을 거머쥘 수 있을지는 말하지 않아도 알 것이다.

네트워크마케팅 역시 통신의 발달, 인터넷의 발달, 인적관계망의 확대 등 시대의 변화가 몰고 온 새로운 바람에서 시작된 사업이다. 이제는 이 변화의 바람을 적극적으로 받아들이는 이만이 성공의 발판을 일궈낼 수 있다. 변화를 두려워하는 대신, 변화를 즐기며 더 적극적으로 삶을 이끌어가야 한다.

네트워크마케팅에 도전하고자 하는 많은 분들이 있다. 그런 분들에게 이 책은 항상 곁에서 지켜보고 길을 잡아주는 조언자가 될 것이다. 이 책이 앞으로 또 한 번의 10년간, 네트워크마케팅이라는 새로운 길로 도전하는 분들에게 바이블로 자리 잡을 수 있기를 바란다.

석세스기획연구회 일동

비즈니스 정보를 제대로 파악하는 방법은?

정보는 현대사회에서 빼놓을 수 없는 성공의 요건이다. 올바른 정보와 값진 정보는 우리의 삶을 바꾸지만, 잘못된 정보는 오히려 나쁜 결과를 양산한다. 다음은 정보 전쟁 시대라고 해도 과언이 아닌 현대를 살아나가는 데 필요한 관찰과 분석의 룰들이다.

관찰 : 입체적으로 관찰하라

세상을 내다보려면 종합적인 안목이 필요하다. 단순한 선만 보지 않고 눈앞에서 전개되고 있는 모든 현상이 어떤 관계와 방향성을 지니고 있으며, 잠재적인 요소는 무엇인지 그 물밑까지 살펴봐야 한다. 이는 실물경제, 경제, 시장경제는 물론 상품 기획, 인간관계 등 모두를 포함하는 것이며, 이 시스템들 사이의 균형을 유지하는 데 필수적인 요소다.

분석 : 종합적으로 분석하라

단편적인 개념 이해는 오히려 잘못된 편견을 낳는다. 현실로 입증된 예는 물론 장기적인 관점에서 분석하고, 하나의 현상을 잘 구분지어 바라보는 분석력이 필요하다. 이를 위해서는 어떤 것에든 합리적이고 비판적인 의식을 갖고 접근할 필요가 있다.

간단하게 생각하면 나의 이익을 생각함과 동시에 상대방의 이익도 생각해야 한다. 터무니없는 수당지급은 어딘가 결함이 있게 마련이다.

개인생활이든 기업경영이든 앞을 내다보는 안목을 기르고 난 뒤에는 올바른 정보를 정확히 받아들이는 판단력이 생긴다. 잘못된 정보로 인해 피해를 보고 나서야 "그때 저렇게 했으면 좋았을 텐데!"라고 후회하는 것은 아무 소용이 없다.

우선 자신과 회사의 주변을 정확하게 관찰하고, 실제적으로 증명된 사례들에 눈을 뜨면서 사실과 직관의 힘을 모두 발휘하는 것이 아주 중요한 일이다. 이는 평상시의 끊임없는 노력과 주의력만 집중시킨다면 충분히 가능한 일이다.

제1장

한국사회 최고의 기회
네트워크비즈니스

왜 네트워크비즈니스인가?

혹자는 현대를 '불안의 시대'라고 말한다. 기업에서는 실직과 명퇴가 있고, 물가는 상승하고, 이렇다 할 노후 보장도 없는 말 그대로 가난이 곧 불행인 세상이다. 이처럼 경제적 불안에 시달리면 어떤 일이 벌어질까? '어떻게 더 알차게 잘 살까, 어떻게 원하던 삶을 꾸려갈까' 같은 근본적인 질문마저도 사치로 여겨지고, 계획하고 실천할 시간과 여유가 없으니 삶은 계속해서 추락한다.

하지만 희망이 없는 것은 아니다. 인간은 항상 꿈꾸고 나아가는 존재이다. 비단 꿈을 키워가는 10대나 20대가 아니라도 죽기 전까지 자신의 이상을 좇으며 살아야 행복해진다. 그러려면 지피기지면 백전백승이라는 말처럼 세상이 어떻게 굴

러가고 있는지, 행복해지려면 무엇을 해야 하는지 잠시 멈춰서 돌아볼 줄도 알아야 한다.

경제적 자유와 꿈의 실현은 가능한가?

다음의 질문을 던져보자.

'어떻게 하면 지금의 삶을 더 나은 것으로 만들 수 있을까?'

사람마다 다르겠지만 아마 대부분은 '경제적 자유'라고 대답할 것이다. 돈 걱정 없이 살고 싶다는 꿈이 그야말로 이루기 힘든 꿈이 되었기 때문이다.

올해 우리나라 실질 가계 부채는 약 1,100조 원으로 집계됐다. 이는 2000년대 초반에 비해 두 배나 늘어난 수치이다. 부채의 질도 나날이 악화되고 있다. 개인가계부채 비율이 136%로 2003년 이래 최고치를 기록했고, 주택을 팔아도 대출금과 전세금을 다 갚지 못하는 이른바 '깡통 주택'을 담보로 한 대출도 3조 원을 넘어섰다. 또한 경기 회복 지연, 금리 인하 등으로 인해, 앞으로도 소득은 줄고 부채는 더 늘어날 것이라는 전망이 나오고 있다.

나아가 누구에게나 필요한 노후 최저 생활비가 연간 1,600만 원으로 집계됐다는 점도 시사하는 바가 크다. 여기에 여유 생활비 2,000만원을 합치면 연간 3,600만원이 필요하다. 즉 60세에 은퇴해서 75세까지 15년 동안을 잘 보내려면 3,600×15년=5억 4,000만 원이 필요하고, 현재 40세 직장인이 이를 준비하려면 최소한 매달 120~150만원을 20년 동안 꾸준히 저축해야 한다.

그렇다면 지금 내 상황은 어떤가? 여러분은 매달 얼마씩 저축을 하고 있는가? 하루도 빠짐없이 열심히 살아온 여러분의 앞에는 과연 어떤 길이 펼쳐져 있는가?

통계에 의하면, 우리 국민의 약 10%는 대체로 돈 때문에 큰 고통을 받지 않는 삶을 산다고 한다. 아마 이 10%의 삶이야 말로 평범한 사람들이 꿈꾸는 여건일 것이다. 이들은 대부분 변호사, 의사, 회계사 등의 전문직이거나 대기업 중역 등이 포함되는데, 중요한 것은 이들의 삶 또한 파산으로부터 안전하지 않다는 점이다.

최근 '깡통 변호사'라고 불리는 사람들의 상황에 대해 들어본 적이 있는가? 그간 변호사는 부와 명예를 한번에 거머쥘 수 있는 직종이었다. 하지만 최근 로스쿨 제도가 정착되어 졸업생들이 대량 배출되면서 거금의 수임료를 받는 변호사 수가 현저히 줄고 개업 후 폐업률도 현저히 높아지고 있다.

나아가 의사들은 어떤가? 최근 동네 병원들의 파산과 부채와 관련된 문제가 뉴스에 자주 오르내리는 것을 보았을 것이다. 개인병원 개원으로 막대한 빚을 진 의사들이 압박감에 못 이겨 무리한 수술을 권하다가 소송에 휘말리거나, 비싼 장비를 경쟁적으로 들여놓은 뒤 할부금을 갚지 못해 파산하는 경우가 적지 않다.

또한, 설사 억대 연봉 고소득자도 일부는 여전히 주택 마련비와 다양한 대출금, 자녀교육비 등에 벌어들인 거의 모든 돈을 지출하는 악순환에 빠져들고 있다.

결과적으로 우리나라에서 정말로 완전한 경제적 자유를 누리는 이들은 5% 이하에 불과하며, 이들 중에 상당수인 20% 정도는 부모로부터 상속 받은 재산이 많은 사람들이다. 상황이 이러하니 '부모 잘 만나 부자로 사는 사람'이 최고로 안정적이라는 자조적인 농담까지 나오는 것이다.

갈수록 어려워지는 인생역전의 기회는 어디에 있는가?

이같은 상황에서 어떤 사람들은 다른 길을 찾는다. 높은 수익을 안겨 주는 금융 상품이나 투자 상품을 찾아 헤매는 것이다. 하지만 세계의 성공한 투자자로 꼽히는 앙드레 코스톨라니는 이렇게 경고한 바 있다.

"투기를 통해서 고정적으로 돈을 '번다'는 생각은 아예 하지 말아야 한다. 사람들은 주식으로 큰돈을 따거나 잃을 수는 있다. 하지만 주식으로 돈을 벌 수는 없다."

이는 투기가 돈을 버는 개념이 아닌 '따는' 개념에 가까우며, 투자를 통해 뭔가 대박을 터뜨리겠다는 생각은 엉뚱한 몽상에 불과하다는 것을 보여준다.

한 예로 시도 때도 없이 낙폭을 거듭하는 주식과 펀드로 휘청거리는 이들을 보라. 이는 사실은 투기를 하고 있는데 자신은 투자를 했다고 믿는다. 자기 돈이 실제로 어디에 들어가는지도 모르면서 무작정 주가 상승률에 기대어 많은 돈을 쏟아 붓다가 쓰라린 결과를 맞는다.

투자를 결심했다면 한 가지 사실을 반드시 기억해야 한다. 세상에 위험 없이 고수익을 얻는 투자 상품은 존재하지 않는다는 점이다. 즉 투자로 인한 손해는 사실 은행 직원들이나 펀드 매니저들이 아닌 돈과 투자의 흐름을 파악하지 못한 당사자들에게 문제가 있다.

그렇다면 보다 안전한 투자 대상으로 알려진 부동산은 어떤가? 부동산은 지난 20년간 불패 신화를 이어가며 인기를 끌었다. 남는 자본이 있으면 무조건 부동산에 투자하는 것이 안전하다는 생각이 재테크의 기본처럼 여겨졌다.

그러나 최근 외환위기와 세계 불황 여파로 부동산 시장이 붕괴하면서 국내 부동산 시장도 나락 속으로 떨어지고 있다. 무리하게 대출을 받아 부동산을 몇 채씩 마련했던 이들이 순식간에 파산에 이르렀다는 기사가 매일 아침 신문 1면을 장식한다. 게다가 미분양 아파트가 급증하고, 급매물이 나와도 팔리지 않는 상황도 부동산 시장의 몰락을 대표하는 현상들이다.

21세기 사양직종은?

보험설계사, 은행원, 증권거래인, 자동차 세일즈맨, 중간관리직 등 그렇다면 안전하게 취직해 돈을 버는 직장은 어떤가? 그러나 직장도 더는 안정적인 곳이 아니다. 특 하면 구조조정이다 비정규직이다 해서 최소한의 임금을 받고 강도 높은 노동을 강요당하며, 쓸모가 없으면 버려지는 게 현실이다. 예전이었다면 뼈를 묻어도 좋았을 직장이 이제는 필요 없으면 가차 없이 잘라내는 위험한 곳으로 변한 것이다.

그렇다면 어떤 방식으로 이 위기를 타개해 나갈 것인가? 수입보다 지출이 많은 불안한 하루하루를 살아갈 것인가?

아니면 이 변화의 파도를 타고 새로운 시도를 통해 경제적 자유를 향해 도전해 볼 것 인가는 당신의 선택에 있다.

2

변화하는 패러다임을 알아야 한다

우리에게는 아직 기회와 희망이 있다. 이 세상은 정체하지 않고 끊임없이 변화하기 때문이다. 산업혁명처럼 폭발적인 변화가 있었는가 하면 서서히 이루어지는 변화가 있고, 수많은 사람들이 이 변화의 물결 속에서 새로운 기회를 잡아 성공하고 있다.

예를 들어 인터넷을 보자. 인터넷 세상에서 수많은 지식과 경험의 공유, 발 빠른 이동이 이루어지면서 불과 20년 전만 해도 생각지도 못했던 일들이 벌어지고 있으며, 이러한 변화가 사회와 경제 부문 곳곳에서 황금알을 낳기 시작했다.

여기서 우리는 변화에 대처하는 인간의 행동은 항상 두 종류라는 점을 기억해야 한다. 변화 안에서 꿈과 기회를 찾기 위해 노력하는 사람이 있는가 하면, 이 변화를 수동적으로 받아들이는 사람도 있다. 이 중에 누가 성공의 길을 걷게 될지는 굳이 말하지 않아도 알 것이다.

예를 들어 인터넷 거부라고 불리는 '다음'의 이재웅 사장은 물론, 그 외 종종 신문지상에 등장하는 인터넷 관련 사업 거부들은 모두 정보를 찾고자 노력하고 그 정보를 활용해 발 빠르게 움직인 사람들이다. 즉 변화 속의 기회를 캐치해 행동으로 실행하느냐 못하느냐가 부자와 가난한 사람의 차이를 낳는 만큼, 앞으로 부자가 되고 싶다면 지금 내 눈앞에 펼쳐진 현실의 패러다임을 파악하고 정보를 모아 발 빠르게 움직여야 한다.

새로운 패러다임이 성공의 기회를 낳는다

새로운 성공은 결국 새로운 패러다임 속에서 탄생한다.

영국의 수상 처칠은 이렇게 강조한 바 있다. "성공이란 반복되는 실패 가운데서도 열정을 잃지 않는 능력이다." (Success is the ability to go from one failure to another with no loss of enthusiasm).

만일 새로운 패러다임 속에서 새로운 성공을 이루겠다고 결심했다면, 우선적 지난 실패를 떨쳐버릴 필요가 있다. 그 첫 단계가 바로 꿈을 새롭게 계획해 구체화하는 일이다. 사실 어떤 일을 시작하려고 할 때 우리가 맞닥뜨리는 최대의 적은 바로 자기 자신일 때가 많다. 이때 목적지가 분명하고 시기를 잘 가늠하는 사람은 자신을 믿고 강한 의욕 속에서 한 걸음씩 나아갈 수 있다.

다만 꿈은 너무 작거나 너무 크면 의욕을 불러일으키지 못하는 만큼, 현실적인 부분을 가늠하고 단계를 설정해야 한다.

그렇다면 지금의 패러다임은 어떤 모습으로 흘러가고 있을까? 과연 이 새로운 패러다임 속에서 새로운 성공을 이뤄낼 만한 사업은 없을까?

돈 버는 방법은 세 가지다

흔히 세상에 돈 버는 방법은 세 가지라는 말이 있다.

첫 번째는 시간을 투자하는 것이다. 예를 들어 직장인들은 오전 8~9시에 출근해서 오후 6~7시에 퇴근하는 식으로 일정한 시간을 돈과 맞바꾼다. 비슷한 이치로 시간을 투자하는 자영업도 마찬가지다.

우리나라 대부분의 자영업자들은 아침에 일찍 일어나 밤늦게 문을 닫는다는 점에서 직장인들과 다를 바가 없다. 그렇다면 이 시간 투자는 얼마나 효율적일까?

단적으로 앞으로는 시간과 돈을 맞바꾸는 투자로는 결코 부자가 될 수 없다. 시간은 누구에게나 한정되어 있어서 아무리 투자해도 수입이 크게 증가하지 않기 때문이다.

한 예로 고만고만한 월급을 받는 직장인이 돈을 더 벌려면 잔업과 야근을 하거나 승진으로 월급이 오르는 수밖에 없다. 게다가 그나마도 상황이 받쳐주지 않으면 이루기 어려운 꿈이다.

자영업도 마찬가지다. 애써 현상유지를 한다 해도, 비슷한 지역에서 비슷한 업종으로 치열하게 경쟁해야 하며, 특별한 노하우나 차별화가 없는 한 매출이 크게 늘 수 없다.

두 번째는 자본을 투자해서 돈을 버는 것이다. 이것은 부동신 투자, 주식 투자처럼 일정한 자금으로 돈을 불려나가는 방법이다. 그러나 정확한 정보와 막대한 자금이 필요할 뿐 아니라 세계 동향이나 경제 상황 등에 따라 높은 위험성을 감수해야 하므로 아무나 뛰어들 수도 없고, 잘못했다가는 빚더미에 오르는 경우가 허다하다.

세 번째는 복제를 통해 돈을 버는 것이다. 복제란 자신이 구축한 시스템 안에 다른 파트너들을 편입시켜 수익 구조를 확장시키고, 그 시스템 안에서 일종의 인세수입을 얻는 일이다. 한 예로 대기업 회장을 보자. 그는 자신은 고용주로서 중요한 업무만 처리하고, 수익이 되는 다른 일들은 수만 명의 종업원들에게 일임한다. 즉 그는 종업원들을 통해 '시간을 복제' 함으로써 자기는 더 중요한 일을 하는 것이며, 그럼에도 하루 2시간만 일하고도 2천 시간이나 일한 효과를 낼 수 있다.

그렇다면 이 세 번째 무한확장 복제 시스템이 가능한 개인 사업은 없을까?

여러분은 혹시 네트워크비즈니스에 대해 들어본 적이 있는가?

만일 처음 들어보았다면 지금껏 귀를 절반은 닫고 있었던 것과 다름없다. 선진국에서 네트워크비즈니스는 이미 부동산이나 증권, 저축, 임대 사업 등보다 훨씬 광범위하게 각광 받고 있는 생활형 비즈니스로서, 미국의 경우 80년대부터 매해 30% 이상 중산층과 부유층을 탄생시켰을 뿐 아니라 90년대 후반부터는 네트워크비즈니스로 부자 된 사람들이 부동산이나 주식으로 부자 된 사람들을 훌쩍 넘어서게 되었다. 심지어 미국과 선진국은 물론 우리나라 대학과 대학원들에도 현재 네트워크비즈니스 관련 과목이 개설되어 있을 정도이다.

이 네트워크마케팅은 위의 항목 중에 세 번째에 해당되는 사업으로서 무한 복제라는 탁월한 시스템을 갖추고 있다. 일단 사무실이 필요 없어 임대료 걱정을 할 필요가 없고, 직원도 필요 없다. 자본이 많이 들지 않으므로 애써 은행 문을 두드리지 않아도 된다. 중요한 것은 사업을 시작하겠다는 용기, 그리고 끈기다.

또한 일종의 생활소비문화 속에서 고정적인 이익을 얻을 뿐 모든 자본을 투자해서 올인하는 사업이 아닌 만큼 본업을 유지하며 투잡으로도 가능하다는 점에서 많은 각광을 받고 있다.

우리는 성공한 사람을 존경한다. 돈과 시간으로부터 자유롭고, 평생 일할 수 있고, 늘 많은 사람들과 함께하고 사회적으로도 존경받기 때문이다. 즉 이들은 돈과 시간, 직업과 친구, 명예 모두를 가진 사람이며, 네트워크 사업은 이 5가지를 이뤄내는 길로 부족함이 없다. 실제로 이 사업은 지금까지 엄청난 성공자를 키워오면서 특히 80~90년대 미국에서 엄청난 백만장자를 탄생시켜왔다. 그들도 처음에는 아주 평범한 사람들이었지만, 사업을 통해 발전하며 완전히 다른 삶을 살게 되었다. 이는 결코 불가능한 일이 아니다. 그렇다면 이 사업은 언제 어떻게 시작해야 하는지 자세히 알아 보자.

타이밍이 중요하다

변화를 꾀하기에 앞서 생각해봐야 할 부분이 있다. 바로 그것을 시도하는 타이밍이다.

일을 할 때도 우선순위라는 게 있다. 좀 천천히 해결해도 되는 일이 있는가 하면, 재빨리 처리해야 할 일이 있다. 변화의 와중에서 활로를 정하는 일은 긴급하고 중요한 일에 속한다. 즉 현실을 돌아보고 핵심적인 부분을 판단해 타이밍을 잘 맞추면 미래를 자신의 것으로 만들 가능성도 높아진다.

다만 너무 먼 미래를 고민하기보다는 멀지 않은 시기인 한 달과 한 주, 마지막으로 오늘 이 순간을 준비할 필요가 있다.

'나는 앞으로 무엇이 되고자 하는가? 가까운 미래와 먼 미래에서 내가 얻고자 하는 것은 무엇인가?'

이 질문들을 던진 뒤 쓸데없는 주변을 정리하고 오늘을 투자해야 한다. 물론 변화는 어려운 것, 미지의 것이다. 예측하기도 쉽지 않고 자칫 잘못하면 지금 누리고 있는 혜택조차 빼앗길 수 있다. 사실상 우리는 변화 자체를 좋아해서 변화하는 것이 아니다. 단지 그 변화가 필요하기 때문에 움직이는 것뿐이다.

그러나 내가 먼저 변화를 찾아가야 할 때도 있다. 그 변화가 더 큰 혜택을 가져온다는 확신이 들 때이다. 따라서 어떤 일을 시작할 때는 그 변화가 주는 혜택이 무엇이며, 언제 어떻게 도전해야 좋을지 자신만의 플랜을 짜고 행동해가는 것이 중요하다.

이런 면에서 사업으로서의 네트워크마케팅은 불황일수록

더더욱 매력들을 가지는 사업으로 존재해 왔다. 평소의 생활 소비를 통해 수익을 창출할 수 있는 무점포, 무경험 사업으로 큰 리스크 없이 시도해 볼 수 있고, 노력 여하에 따라 더 크게 성공할 수 있는 사업이기 때문이다.

지금이 변화의 적기라는 생각이 들 때 도전해 보는 것, 그 것이 타이밍의 고수들의 성공 노하우라는 점을 기억하면서, 다음 장에서는 실질적으로 네트워크 사업을 준비하는 데 필요한 기본 지식들을 알아보도록 하자.

Tip

21세기 성공 필수 요소들

(J.P.게티 : 23세에 백만장자가 되었고 20세기 가장 큰 돈을 벌었
　　　던 사람)
① 자신의 사업을 가져야 한다.
② 수요가 큰 제품을 공급해야 한다.
③ 그 제품에 반드시 어떤 보장제도를 채택해야 한다.
④ 경쟁자보다 더 나은 서비스를 제공해야 한다.
⑤ 열심히 일하는 사람들을 보상해 주어야 한다.
⑥ 다른 사람의 성공을 도움으로써 자신의 성공을 도모해야 한다.

위기를 기회로 삼을 유일한 비즈니스

우리나라는 인맥과 학연, 자본의 크기와 유무가 사업에 상당한 영향을 미친다. 상황이 이렇다 보니 평범한 사람들은 좋은 타이밍이 와도 선뜻 나서기가 쉽지 않다.

그런 면에서 네트워크마케팅은 학벌과 자본이 아닌, 오직 노력을 통해 이루어지는 사업, 아니 오히려 자본이 없고 학벌이 없기 때문에 더 성공할 수 있는 사업이다.

현대사회의 소비 관계를 이용한 사업은 네트워크마케팅 이다.

네트워크비즈니스가 이처럼 모두에게 문을 활짝 열어줄 수 있는 것은 이 사업이 현대사회의 다양한 소비 관계를 바탕으로 엄청난 부가가치를 생산해 내는 것이 가능한 사업이기 때문이다.

평범한 소비자가 제품을 직접 써보고 제품이 좋다는 확신이 들면 주위에 소개하고, 그 대가로 절약된 광고비와 중간유통마진을 받는 형태로 이루어지는 것이다.

즉 어떤 물건을 애써 팔거나 남의 호감을 얻으려 노력하지 않아도 제품을 써보는 자체만으로도 사업이 이루어지며, 위험성 높은 투자가 아닌 자기 기틀을 유지하는 가운데 확장시킬 수 있는 사업이라는 점에서 현대 사회를 살아가는 이들에게 새로운 부가가치를 안겨줄 수 있는 사업이다.

다음은 네트워크마케팅에 참여하는 세 가지 방식이다.

첫째 : 일반 소비자로 참여하는 방법

둘째 : 투-잡(Two-Job)으로 참여하는 방법

셋째 : 전업자로 참여하는 방법

각자의 여건과 성향에 따라 이 세 가지 중 어디에 참여해도 좋으며, 무리하게 자본을 투자하지 않고 투-잡(Two-Job) 만으로도 일정한 수입을 올리는 것이 가능하다.

회사의 여러 제품을 소비자 입장에서 사용해보고 품질과 가격에 대한 확신 하에 사업성이 있다고 판단되면 부업으로 시작하고, 그다지 사업성이 없다고 판단한다면 일반 소비자에 머무는 것도 나쁘지 않다.

대개 어떤 사업에서 실패하는 이유는 모든 것을 배팅하려는 성급한 욕심 때문이다. 그러나 부업으로 사업을 시작하게 되면 천천히 장시간을 두고 탄탄한 기반을 마련함으로써 부담을 최소화할 수 있다. 더더욱 네트워크마케팅에서는 꾸준히 네트워크 소비자를 구축한 뒤에야 비로소 수익이 기하급수적으로 커진다는 점을 기억하고 차분하게 '준비'만 한다면, 반드시 좋은 결과를 볼 수 있다.

성공을 위한 올바른 마인드 갖추기

사람이라면 모두 꿈을 가지지만, 그 꿈을 실현시키는 이는 많지 않다. 기회가 없었다기보다는 당장 해결해야 할 경제적 문제들에 묶여 그 소중한 꿈을 조금씩 포기하게 되는 것이다.

하지만 성공한 사람을 부러워만 한다고 기회의 문이 열리는 것은 아니다. '선택 받은 사람'의 대열로 들어가려면 무엇보다도 새로운 도전을 두려워해서는 안 된다.

이런 면에서 많은 이들이 네트워크비즈니스에 대한 잘못된 인식에 사로잡혀 있는 것은 안타까운 일이 아닐 수 없다. 한때 '피라미드'라는 불법 사업이 유행하면서, 선량한 이들에게 막대한 피해를 입힌 바 있다. 이 사업들은 네트워크비즈니스의 껍데기만 따라했을 뿐, 장기적인 시스템의 건실성이라는 중요한 핵심을 무시한 아류들이다. 노력과 시간의 힘은 열외로 하고 사행심과 한탕주의만 부추겨 앞뒤 재보지도 않고 사업에 달려들도록 만든 일종의 사기극인 셈이다.

모든 사업은 장기 플랜과 확고한 마인드 싸움이다. 작은 가게 하나를 열어도 넉넉한 시간을 두고 기초를 다져가야 한다. 이는 네트워크비즈니스에서도 해당되는 이야기이다.

한국 사람은 조급하기로 유명하다. 단시간 내에 좋은 결과를 원하는 성격 때문인지 공부도 '속성 과외'가 유행하고, 사업도 '속성 사업'을 원한다. 하지만 모든 사업에는 네트워크라는 중요한 기반이 필요하다.

특히 네트워크비즈니스는 평생에 걸쳐 안정적인 수익원을

만들 수 있는 평생 사업, 이른바 1인 기업이다. 작은 구멍가게를 정착시키는 데도 몇 년씩 걸리는데 평생 지속할 수 있는 기업을 만드는 데 1년 혹은 2년 만에 큰 수익을 바랄 수 있겠는가?

이런 면에서 불법 피라미드와 건전한 네트워크비즈니스를 구분하는 기준은 간단하다. 지금 당장 큰돈을 벌 수 있다고 광고하는 회사가 있다면 일단 의심해야 한다.

반면 확고하고 공정한 시스템 속에서 노력한 만큼 성공할 수 있다고 말하며, 실제로 그런 성공자들이 많은 회사라면 분명히 믿을 만하다.

21세기는 승자독식의 세계다. 몸집 큰 기업들이 작은 기업들의 수익원까지 가차 없이 빼앗는 형평성이 결여된 세상이다. 그럼에도 현재 많은 네트워크 사업자들이 시스템의 확고한 기반 아래 자신의 사업을 펼쳐가며 위기를 또 하나의 기회로 만들어가고 있다.

만일 여러분이 네트워크비즈니스에 대해 호기심과 열정을 가지고 더 깊이 알아보려 한다면, 지금껏 몰랐던 새로운 기회를 거머쥘 수 있다.

다음 장에서는 어째서 현대사회를 살아가는 데 네트워크마

케팅에 대한 관심과 지식이 필요한지를 살펴보고자 한다. 차
분히 숙지해보자.

Tip

네트워크마케팅의 8가지 가치성은 무엇?

1. 삶을 변화시키는 교육 시스템을 갖고 있다.

2. 직업을 바꾸는 것 이상의 의미를 지닌다.

3. 적은 비용으로 사업을 구축할 수 있다.

4. 부자들이 투자하는 대상에 투자할 수 있다.

5. 꿈을 현실로 만들 수 있다.

6. 네트워크의 진정한 힘을 발휘한다.

7. 마음에 품고 있는 가치가 현실을 결정한다.

8. 리더십의 가치를 일깨워준다.

출처 : 로버트 기요사키 〈부자 아빠의 비즈니스 스쿨〉

4

네트워크마케팅을 모르면 살아남지 못한다

　네트워크마케팅의 유래는 1945년으로 거슬러 올라간다. '뉴트리라이트'라는 미국의 한 건강기능식품 제조회사가 이 사업 형태를 처음으로 시작했는데, 이 시스템을 처음 고안한 사람은 리 마이팅거라는 세일즈맨, 윌리엄켓 셀버리라는 심리학자다.

　이 두 사람이 네트워크마케팅 시스템을 발명하게 된 것은 세일즈맨들의 심리를 통해서였다. 세일즈맨들은 물건을 판매할 때마다 그 물건의 판매 이익을 가져간다. 그런데 이때 자신이 모집한 하위 세일즈맨들의 매출에서도 금전적인 보상을 받게 되면 더욱 큰 능력을 발휘하게 된다는 것을 알게 된 것이다. 이를 통해 마이팅거와 셀버리는 광고비 대신 구전과 소개를 통해 판매하면 유통과 판매에 들어가는 비용을 크게 줄일 수 있음을 깨달았다.

이후 이 이론을 바탕으로 뉴트리라이트가 설립되고, 여기서 사업자로 일하던 리치 디보스와 제이 밴앤델이 뉴트리라이트의 내부 불화에서 빠져나와 1959년 밴 앤델의 작은 지하창고에서 자신들의 네트워크마케팅 회사를 설립했는데, 그것이 바로 암웨이다. 이 암웨이 설립은 이후 본격적인 네트워크마케팅의 시초가 되었다.

네트워크마케팅은 이처럼 55여 년 전부터 미국을 시발점으로 새로운 마케팅 기법으로 자리 잡아왔다. 그리고 이제는 새로운 유통방식으로서 전 세계로 파급된 상황이다.

이 네트워크 산업은 대부분 생활 소비재로 시작해 상부상조 시스템을 기본으로 출발하며, 물건 하나를 구매 하더라도 서로의 얼굴을 마주보고 모든 참여자들이 공유하고 상부상조하는 시스템으로 이루어진다. 그렇다면 이 네트워크마케팅이 우리나라에 도입된 시기와 배경은 무엇일까?

한국에서도 돌풍을 일으킨 네트워크마케팅은

네트워크마케팅이 처음 한국에 발을 디딘 것은 70년대 후반 외국 여행객들이 찾아와 다단계 판매와 유사한 형태로 판매를 하면서부터였다. 당시만 해도 한국은 유통시장을 개방하지 않았으므로 국내의 네트워크마케팅은 미국계 피라미드 회사를 모방한 형태로 부분적으로 반석을 놓기 시작했다.

그러다가 1983년 SEC라는 회사가 들어오면서 본격적인 네트워크마케팅이 도입되었고, 이 회사를 이끌던 7명의 임직원들이 일본, 프랑스에서 교육을 받은 뒤 '칠성(7명으로 구성)'이라는 상호로 사업자 등록을 하고 사업을 시작했다.

이후 여러 다단계 사업들이 한국 사회 네트워크비즈니스의 일부를 담당하면서 꾸준히 관심이 증가해 왔지만, 계속되는 불법 행위 등으로 인해 그에 대한 인식은 처참한 수준이 되었다. 그러다가 1991년 상공자원부(현 통상산업부) 유통산업과가 방문판매 등에 관한 법률에 다단계 판매에 대한 규제를 강화하여 다단계 판매를 겨냥한 법을 개정 공포하였고, 1992년 7월 개정 방문판매에 관한 법률이 시행되면서 다단계는 합법화의 길을 걷게 되었다. 그리고 현재 네트워크마케팅은 여러

연구와 관심 속에서 많은 유수의 기업들에게 21세기를 이끌어갈 새로운 유통방식으로 정착되고 있다.

새로운 골드러시의 탄생

과거 19~20세기의 생산구조는 '토지, 노동, 자본' 이라는 '3요소' 로 대변되었다. 그러나 21세기를 거쳐 과학기술, 인터넷과 정보통신 기술이 눈부실 정도로 발전하면서 산업의 생산구조 자체가 확연하게 바뀌었다. 특히 인터넷과 정보통신의 발전은 이 과거의 '3요소' 를 과감하게 대체했는데, 이제 21세기는 지식과 정보를 신속하고 정확하게 전달받고 이를 실천에 옮기느냐에 따라 가치의 창출 정도도 달라지는 시대가 되었다.

한 예로 19세기의 미국을 보면, 이때 미국에서 이른바 골드러시라는 것이 생겨났다. 1848년 캘리포니아에서 금이 발견되면서 수많은 사람들이 금을 채취하기 위해 세계 각지에서 몰려든 것이다. 이들은 부유한 삶을 꿈꾸면서 그 꿈을 위해 박한 불모지를 개간해 새로운 땅을 일궈냈고, 실제로 많은 사람들이 부자가 되었다.

그렇다면 21세기의 골드러시는 무엇일까? 새로운 환경에서 우리의 인생에 큰 변화를 가져올 수 있는 절호의 기회는 과연 존재하는 것일까?

그것을 알려면 일단 부정적인 시선이 아닌 세상의 변화 전체를 파악하는 눈이 필요하다.

21세기는 많은 사람들이 이윤을 추구하고, 이윤 안에서 움직인다. 그런 면에서 자본주의 사회는 기회를 잡고 그것을 활용하는 사람들의 세상이라고 할 수 있다.

이 같은 변화는 반드시 새로운 밀레니엄 골드러시를 동반하는데, 예를 들어 이동통신 사업이 인기를 끈 것은 핸드폰과 인터넷의 발전에 힘입은 것이었다. 그런가 하면 예전처럼 가정을 만들지 않고도 홀로 살아가는 독신들을 대상으로 한 여러 상품들이 등장한 것도 세상의 변화와 관련이 있다. 그런 면에서 네트워크마케팅의 발전은 바로 소비 중심의 사회 구조, 더 나아가 유통 과정의 변혁이라는 새로운 변화와 맞물린 골드러시라고 할 수 있다.

이 시대에 필요한 사업, 네트워크비즈니스가 생존의 길이다.

성공이란 결국 시대 읽기와 관련이 있다. 네트워크마케팅
이 요구 받는 이유도 바로 시대가 그것을 원하기 때문이다.
만일 앞으로 100년 후, 또는 과거 100년 전에 네트워크마케팅
이 등장했다면 아마 지금과 같은 급성장을 거듭하기 어려웠
을 것이다. 따라서 이 사업을 준비하려고 하는 사람이 있다
면, 많은 경험을 가진 이들로부터 네트워크 사업의 장점과 단
점, 더 나아가 시대 속에서 이 사업이 어떤 의미를 지니는지,
어떤 흐름으로 성장 기회를 잡을 수 있는지 등을 보다 상세히
파악해 둘 필요가 있다. 많은 정보와 지식을 수집하고 분석하
는 부지런함이 없이는 네트워크마케팅 사업, 더 나아가 어떤
사업에서도 성공할 수 없다는 뜻이다.

예를 들어 누군가 "당신은 성공을 꿈꾸고 있는가?"라며 물
으면 아마 다들 그렇다고 말할 것이다. 하지만 "당신은 성공
을 위하여 당신은 무엇을 배우고, 어떻게 움직이고 있는가?"
라고 물으면 상황은 달라진다. 대부분은 부자가 되고 싶다는
막연한 희망만 가지고 있기 때문이다.

그러나 그 막연한 희망과 상상들로 머리를 복잡하게 만드

느니 시기에 맞춰 주어진 기회 속으로 자신을 직접 리모델링하는 쪽이 훨씬 효율적이다.

할 수 있다는 자신감은 성공의 필수 요건이다. 그러나 이러한 자신감은 의지만으로 생겨나는 것이 아니라. 시대의 변화를 읽을 수 있는 능력과 그 속에서 기회를 찾아낼 수 있는 사람만이 미래의 성공에 대한 확신을 가질 수 있다는 점을 기억하자.

제2장

네트워크비즈니스 성장 비결은

1

디지털 시대의 새로운 유통 경로, 네트워크마케팅이 대세

　인류의 삶을 바꾼 최고의 기술혁명은 무엇일까? 혹자는 의학기술의 발전이라고 말한다. 암 치료, 대체 장기 개발, 부작용 없는 의학적 시술의 개발 등 수명연장을 위한 각고의 노력들이 성과를 거두면서 인류의 평균수명이 급격히 증가했다. 이제 앞으로 20년이면 평균수명이 100세를 넘을 것이라는 전망이 등장하고 있다.

　혹자는 인터넷 혁명을 최고의 기술혁명으로 꼽는다. 실로 2000년대 들어 인터넷은 우리 삶의 근간까지 바꾸어놓았다. 공공기관이나 기업은 물론, 전 세계가 인터넷으로 연결되고, 인터넷 없는 생활은 상상조차 어려워졌다. 나아가 인터넷 기반을 토대로 한 수많은 새로운 사업들이 탄생하고 있다는 점도 주목해야 한다. 열정과 창조의 신화 애플사의 스티브 잡스, 페이스북의 창업자인 마크 주커버그 등의 놀라운 사업 확장을 보라. 이들은 물리적 투자에서 벗어나 인터넷 공간에 대한 새로운 개념을 창조하고, 그 안에서 엄청난 부가가치들을 생산하고 있다.

한편 우리는 이 같은 기술 발전이 그와 관련한 사업의 폭발적인 성장을 낳고, 동종 직종에 장밋빛 전망을 제공하고 있다는 사실에 주목해야 한다. 기술의 발전이 결과적으로 부의 흐름을 주도하는 것이다. 한 예로 의료 기술은 다양하고 분화된 의료 관련 업종의 폭발적인 성장과 다양한 첨단 의료기기의 발전을 낳았다. 그렇다면 인터넷의 발전은 어떤 변화를 가져왔을까?

디지털 소비가 황금알을 낳는다

네트워크마케팅이 21세기의 새로운 유통 방식으로 자리 잡게 된 것에는 여러 배경이 있겠지만 그 중에 가장 큰 것은 바로 디지털과 네트워크 사회의 도래다. 네트워크마케팅이 21

세기의 새로운 유통방식으로 자리 잡을 수 있었던 배경에는 새로이 등장한 디지털 네트워크 시대와 디지털 대중이 존재한다. 알다시피 우리나라는 인터넷과 관련된 기기와 장비에서 최고로 우수한 기술을 자랑한다. 현재 한국의 디지털 파워는 세계의 문화와 예술, 정보의 교류, 더 나아가 지식 산업과 정치까지 그 영향력이 닿지 않는 곳이 없다.

심지어 한류 물결도 큰 부분을 인터넷과 디지털 글로벌화에 기대고 있지 않은가.

하지만 그 중에서도 가장 큰 영향을 미치는 분야가 있다면 경제일 것이다. 현재 인터넷을 기반으로 한 수많은 수익 시스템들과 사이트들이 크게 각광받고 있는 것만 봐도 잘 알 수 있는 사실이다. 잘 갖춰진 통신 인프라들을 바탕으로 하나의 거대한 '디지털 경제'가 형성되고 있는 셈이다.

실제로 유통산업연구소에서 발표한 인터넷 쇼핑몰의 매출액은 그야말로 놀라울 정도다. 2007년 기준으로 약 15조 9,000억원, 이는 전체 유통업 매출 규모 158조의 약 10%에 달하는 규모다. 그런가 하면 인터넷과 이동통신의 여러 콘텐츠 결제, 그 외에 여러 통신 사업 등을 고려하면 인터넷에서 막대한 금액들이 오고 간다는 것을 알 수 있다.

다시 말해 인터넷 상에 엄청난 유통의 흐름이 형성되고 있으며, 이를 이용하는 사람과 그렇지 않은 사람 사이에 필연적으로 부의 차이가 생겨날 수밖에 없다는 의미이다. 또한 디지털 파워는 세계를 대상으로 한 비즈니스의 형태까지도 변화시켰다.

온라인 매장과 네트워크마케팅의 파워

디지털 네트워크 경제에서는 온라인 상점이 큰 힘을 얻는다. 산업시대에는 시장에서 물건을 교환하고 사들이는 것이 상품 소비였다면, 21세기 네트워크 경제에서는 온라인 상에서 수없는 네트워크가 형성되고 다양한 상품들이 팔려나간다. 게다가 앞으로는 그렇게 형성된 다양한 네트워크가 오프라인까지 영향을 미치게 된다. 기업들은 자신들이 거느리는 디지털 소비자들과 장기적인 유대관계를 맺고 그들을 가까이 두어 자신들의 유통망을 확장시켜 나간다.

실제로 디지털 대중은 일반 대중과는 다르다. 그들은 더 다양한 체험과 경험 속에서 물건들을 소비하고, 그 안에서 심리적 안정을 얻으며, 기업들은 디지털 대중과 통로가 되는 사이버스페이스를 통해 제품을 소개하고 지지자를 구축한다.

실로 온라인은 기업과 소비자의 중요한 연결 통로로서 상거래의 핵심이 되고, 국경선과 장벽도 문제가 되지 않는 곳이다. 실제로 우리는 영어 원서 책을 사기 위해 미국 사이트인 '아마존'에 들르기도 하고, 유통업체를 거치지 않고 직배송을 받는다. 또한 이들 사이트들 또한 국적 없는 디지털 대중을 사로잡기 위해 많은 노력을 기울이고 있다.

이제 좋은 제품 하나만 출시하면 모든 게 다 성공했던 산업 시대는 끝났다. 상품 그 자체가 아닌 그 상품 속에서 디지털 대중이라는 거대한 무리를 사로잡는 이들, 고객과 장기적인 관계를 맺을 수 있는 기업만이 가치를 창출시킬 수 있다. 이는 앞으로는 생산 중심보다는 마케팅 중심의 산업이, 판매 중심에서 관계 구축 중심의 사업이 살아남을 것이라는 점을 시사한다. 즉 앞으로 한 종류의 제품을 최대한 많은 고객에게 팔려고 애쓰는 대신, 장기적으로 만든 관계 안에서 훌륭한 네트워크를 만들어가는 것만이 사업을 성공시킬 수 있는 길이며, 이는 네트워크마케팅이라는 사업의 핵심과도 결정적으로 맞닿는 부분이다.

2

디지털 소비에 주목해야 하는 이유는

현대사회를 살아가는 사람은 누구나 소비 생활에서 벗어날 수 없다. 당장 주변에 널려 있는 내 소유물들을 보자. 당연하게 여겨지겠지만, 이 모두는 여러분이 어딘가에서 돈을 주고 구입한 것이다. 내 손으로 직접 만든 것은 아무것도 없다. 그렇다면 우리 자신은 어떤 소비 행동을 보이고 있는지 다음과 같은 질문을 던져볼 필요가 있다.

- 나는 백화점이나 상점 등을 이용할 때 특정 점포만을 이용하는가?

  아니면 쇼핑할 때마다 상점이나 점포를 바꾸는가?
- 인터넷 쇼핑몰이나 홈쇼핑은 자주 이용하는가?
- 식당이나 병원이나 미용실도 단골로 이용하는 곳이 있는가?

만일 있다면 왜 그런가?

그곳의 품질이나 성능은 다른 곳보다 뛰어난가?

아니면 가격이 싼가? 가깝고 이용하기 편리하기 때문인가?

네트워크마케팅이 제공하는 로열티 수입구조는?

위의 질문 모두에 정확한 답을 내올 수는 없겠지만, 내 소비 성향에서 직접적인 영향을 미치는 한 가지 요인, 로열티의 존재는 금방 간파했을 것이다.

우리는 로열티를 주는 물품이나 상점에 혹한다. 로열티란 내가 누릴 수 있는 특별한 권한을 의미하는 것으로, 이를테면 포인트 카드나 멤버십 카드 등을 이용할 수 있는 상점을 더 자주 찾는 것과 비슷하다. 다음은 일반 소비자들이 로열티를 찾게 되는 이유들이다.

- 품질, 디자인 등 상품의 품질이 뛰어나서
- 가격이 싸서
- 포인트, 마일리지 같은 로열티 프로그램

- 이용하기 편리해서

- 예전부터 습관적으로 이용해 와서

- 독과점적이라 선택의 여지가 없어서

- 특정 회사와 개인적 관계 때문에

- 특정 브랜드나 특정인이 마음에 들어서

보면 알겠지만 이 로열티는 상품 자체만이 아니라 서비스, 개인적 취향과 관계, 혜택 등 많은 부분들이 합쳐져 구성되며, 네트워크마케팅은 바로 이 로열티를 사업자들에게 되돌려 주는 사업이라고 볼 수 있다.

매일 쓰는 소비재를 특정 회사의 제품으로 쓰고, 그것을 누군가에게 권하면서 수익이 발생하는 일 자체가 로열티로 작용하는 것이다.

최근 소비는 그 자체로 제 2의 경제가 되었으며, 많은 경제학자들은 '돈을 버는 것만큼 중요한 게 돈을 쓰는 방법' 이라고 말한다. 네트워크마케팅은 바로 이 생활 소비 속에서 이윤을 얻는 소비재 마케팅의 선봉을 달려왔다.

우리의 소비활동 자체가 시스템 안에서 엄청난 수익 구조를 형성하면서 소비하는 동시에 수익을 얻는 최상의 소비 시스템, 기존의 유통 질서와 구조를 그 근본에서부터 바꿔 놓은 제3의 유통 혁명이라 할 수 있다.

기업과 협력하는 네트워크마케팅의 파워

현대의 급변하는 소비 패턴은 네트워크마케팅이라는 미래에서 누구도 자유로울 수 없도록 만들어 놓았다.

현대인들은 물건을 자급자족하지 않는 만큼 항상 일정한 회사의 고객이 되어야 한다. 그리고 이들에게 물건을 공급하는 회사들은 어느 곳을 막론하고 더 값싸고 질 좋은 물건을 공급하기 위해 노력해야 한다.

이 같은 상황에서 네트워크마케팅은 치열한 경쟁을 뚫고 고객을 확보하고자 하는 기업들과, 더 좋은 물건을 싸게 구입하고 부가적 이윤을 얻고자 하는 고객 사이에 윈윈 관계를 형성하도록 한다.

소비자들은 소매점에서 줄 서서 물건을 구매 할 필요 없이 품질 좋은 제품을 도매가에 살 수 있게 되었다. 동시에 기업들도 다양한 이유로 소비자들을 협력자로 인식하게 되는데,

그 이유들은 다음과 같다.

1. 마케팅 비용에 대한 위험 부담이 최소화 된다.

: 기업의 제품 출시 비용 중 가장 큰 부분을 차지하는 것은 바로 광고다.

그러나 네트워크마케팅에서는 광고가 필요없다. 상품 정보가 소비자이자 사업자를 통해 전달되기 때문이다.

2. 재고 부담이 매우 낮다.

: 네트워크마케팅은 먼저 결제를 하고 상품이 택배를 통해 배달된다. 따라서 기업 입장에서는 상품을 준비하는 충분한 시간적 여유를 가질 수 있어 재고를 줄일 수 있다.

3. 기업의 판매 수익이 증가한다.

: 네트워크마케팅은 소비자 직접 유통방식으로 중간 단계 비용이 절약되는 만큼 더 많은 이윤을 창출할 수 있다.

4. 충성고객을 두게 된다.

: 네트워크마케팅 고객들은 단순 소비자가 아니라 애용하

는 상품을 다른 사람들에게까지 전달하는 충성도 높은 고객인 만큼 기업들로서는 가장 효율적인 유통 루트다.

5. 기업에 안정적인 현금 흐름을 가져다준다.

: 네트워크마케팅은 현금을 선금으로 받는 비즈니스인 만큼 네트워크마케팅을 이용하면 다른 어떤 기업보다도 탁월한 현금 흐름을 갖게 된다.

6. 사이버 공간을 활용할 수 있다.

: 네트워크마케팅은 오프라인에서도 이루어지지만 온라인에서도 충성고객을 만들 수 있다. 회사가 사업자들을 통해 물리적 상품 이상의 고급 정보를 유통 시키는 것이다. 사업 기회에 대한 정보, 보상플랜에 관한 정보가 유통되면 더 많은 사업자들을 구축 할 수 있다.

7. 고객과 회사가 윈윈(win-win)한다.

: 소비자 입장에서 좋은 품질의 상품은 심리적 만족감을 안겨준다. 게다가 거기에서 이득까지 얻을 수 있다면 금상첨화다. 또한 회사를 통해 자세한 소비와 사업 정보를 얻을 수 있

고 회사는 보다 품질 높은 상품을 개발하고 공급히는 데만 최선을 다 하게 된다. 즉 소비자, 기업, 서비스 제공자들 모두 윈, 윈, 윈 (win,win,win)할 수 있는 구도를 만들 수 있다.

실제로 외국의 네트워크마케팅 기업인 한국 암웨이, 뉴스킨, 허벌라이프, 그리고 국내 네트워크마케팅 업체 등은 위의 혜택을 통해 성장한 좋은 사례들이다. 이 기업들은 불과 몇 년 사이에 경쟁 업계의 시장 점유율을 엄청나게 확대하고 일종의 거대 기업으로 성장해 모두를 놀라게 했다.

또한 이 기업들의 성공은 다른 대기업들에도 큰 영향을 미쳤다. 1996년 이후 외국 자본의 급속한 시장 잠식을 인식한 국내 유수의 중견, 대기업들이 차례로 네트워크마케팅 시장에 발을 들여놓기 시작했고, 고객과 윈윈하는 새로운 포지셔닝에 성공했다.

나아가 이 윈윈관계가 중요한 이유가 또 하나 있다. 네트워크마케팅의 핵심적 바탕이라고 할 수 있는 휴먼 네트워크 또한 윈윈 관계 속에서 구축되기 때문이다. 다음 내용을 연이어 보자.

3

인간관계를 바탕으로 하는 윈윈 사업이다

네트워크비즈니스는 '사람을 변화시키고, 변화된 인간관계 속에서 휴먼 네트워크(human network)를 만드는 일'이라고 정의할 수 있다. 서로 협력하여 비즈니스 능력을 신장시키고, 문제가 생겼을 때 서로를 도울 수 있다는 것이 네트워크 비즈니스의 힘이다.

네트워크마케팅을 한 마디로 요약하면, '회원제를 결합시킨 무한 연쇄' 시스템이라고 할 수 있다. 한 사람의 소비자가 몇 사람의 다른 소비자를 구축하고, 이렇게 구성된 또 다른 몇 사람이 소비자 그룹을 형성해 지속적으로 구매와 수입이 발생하는 것이다.

일단 이 시스템이 견고히 갖춰지면 그것이 복제를 통해 무한 증식하면서 전체 소비자 수가 기하급수적으로 증가해 큰 그룹이 만들어진다.

물론 이런 설명을 들으면 대개는 "그 피라미드, 사기 판매 아니냐?라고 말할 것이다. 그러나 이 네트워크마케팅 시스템이 현재 전 세계 선진국은 물론 한국 사회의 유통 구조까지 바꾸고 있다.

결속력으로 성장하는 사업 네트워크마케팅

네트워크마케팅에는 기존의 유통 방식과는 완전히 다른 획기적인 면이 있다. 꾸준하게 성장하는 네트워크마케팅 회사치고 어지간해서는 한 번 달성된 매출이 떨어지거나 시장 점유율을 잃는 경우가 거의 없다. 바로 네트워크마케팅만이 가지는 강한 결속력 덕이다.

네트워크마케팅은 회사와 고객이자 소비자들 사이에 일종의 윈윈 관계가 형성되어 있기 때문이다. 한 회사의 소비자들이 곧 사업자가 되면서 구매가 높아져 상품 애용자가 되고, 그 하부 구조 사람들 역시 무한 구조로 이 회사의 제품을 쓰게 되는 것이다. 이는 사업자 자기부터 제품을 소비해야만 애써 구축한 소비 통로와 망을 지킬 수 있기 때문이다.

예를 들어 한 회사의 생활 용품을 소비자로서 사용하게 되면, 이제 그는 회사를 자신의 공동 운명체로 여기게 된다.

즉 회사가 큰 잘못을 저질러 고객을 떨어내지 않는 한, 웬만해서는 다른 제품으로 눈을 돌리지 않는 충성 소비자가 된다는 의미다. 그리고 이렇게 한번 구축된 소비자 그룹은 회사의 동반자가 되어 다른 경쟁 기업들과 경쟁할 수 있는 힘을 갖게 된다.

불황 속에서 더 성장하는 사업이다

또 한 가지 네트워크마케팅의 획기적인 면은 불황일수록 전화위복의 기회를 마련해 준다는 점이다.

역사적으로 네트워크마케팅은 불황의 시기에 더 성장해 왔다. 소규모 유통 기업들이 불황 속에서 자신들의 생존을 지켜내기 위해, 유통비 없이 충성고객을 만들어낼 방법으로 네트워크마케팅을 활용하기 때문이다.

현재 세계는 불황으로 몸살을 앓고 있고, 수많은 중소기업들이 무너져 내리고 있다. 또한 같은 제품이라도 다양한 가격층이 형성되면서 대형상점들 역시 대량구입, 대량판매 등 유통구조의 혁신을 통해 최저가 상품을 공급하고 있다.

이로 인해 중소기업들은 더더욱 시장 진출이 어려워 졌고, 이것이 최근 심각한 사회 불안 요인이 되고 있다.

이 어려운 상황에서 네트워크마케팅은 새로운 판매 유통의 축을 담당하는 중요한 판로로 성장하고 있다. 소규모 유통업자들이 네트워크마케팅을 통해 인적 네트워크망을 구축하고 안정적인 판로를 찾기 시작한 것이다. 그리고 이런 네트워크마케팅 효과는 여러 면에서 그 결과가 증명되고 있다.

1995년 7월 6일 다단계 판매를 합법적으로 용인하는 방문판매 등에 관한 법률이 개정되면서 각 시, 도에 생겨난 네트워크마케팅 판매 회사들이 1997년에는 140여 개에 달했다. 또한 이 업체들의 매출액도 경기 침체에도 아랑곳하지 않고 급속히 증가했다.

이러한 추세로 미루어 볼 때 네트워크마케팅 업계는 앞으로도 계속 성장 곡선을 긋게 될 것이 분명하다.

4

시스템으로 성장하는 네트워크마케팅
그 속에 길이 있다

무슨 일이건 노력만 열심히 해서 개인이 성공하기는 어렵다. 성공하고 싶다면 가장 먼저 성공의 시스템을 익혀야 한다. 네트워크비즈니스가 성공을 전달할 수 있는 사업인 시스템 자체가 내재한 법칙 때문이다.

우리는 성인이 되는 순간부터 스스로의 결정으로 살아가야 한다. 이전에는 보호와 도움, 충고를 받았지만 이후부터는 보호와 도움, 충고도 어디까지나 자율적으로 받아들여야 한다. 이처럼 위험과 실패 가능성은 늘고, 보조와 보호 가능성은 줄어드는 상황에서 훌륭한 시스템이 존재하지 않는다면 홀로 어두운 길을 더듬어 나아가야 한다.

한편 이처럼 경험이 부족한 상태에서 가장 효율적인 성공의 방법은 성공한 사람을 모방하는 것이다. 내가 보지 못한 것들을 보고, 경험하지 못한 것을 경험한 사람을 모방하는 것만으로도 성공과 가까워지진다. 물론 모방은 창조적이지 못하다고 말하는 이들도 있다.

하지만 도로를 달리는 자동차는 과거의 마차를, 하늘을 나는 비행기는 새의 능력을 모방해 제작된 것이다. 따라서 '모방'이라는 단어는 단순한 베끼기가 아닌 새로운 창조의 디딤돌로 봐야 한다.

인간적인 측면에서도 마찬가지다. 누구나 살아가면서 본받고 싶은 인생을 발견한다. 그 사람은 기업가일 수도 있고, 학자일 수도 있고, 또는 다른 분야의 누군가일 수 있다. 이때 그 사람의 삶을 모방하고 복제함으로써 그의 인생을 나의 것으로 재창조하는 것이야말로 그의 성공을 내 것으로 만들 수 있는 가장 효율적인 방법이다. 그를 멘토로 삼아 그 삶과 성공을 분석하면서 몇 단계 더 크게 성장할 수 있는 것이다.

네트워크마케팅 시스템의 특징

네트워크마케팅에서 시스템은 아무리 강조해도 지나치지 않다.

네트워크마케팅의 성공 시스템을 설명하기 위해 잘 알려진 우화 하나를 소개한다. 쉬어가는 기분으로 살펴보자.

어느 사막에 A와 B라는 두 젊은이가 있었다. 이 두 젊은이는 물통을 나르며 하루하루 생계를 꾸리고 있었다. 그러던 어느 날 청년 A가 B에게 말했다.

"지금 상황으로는 하루 먹고 사는 것도 빠듯하겠어. 우리 당분간은 힘들겠지만 미래를 보고 작업 하나를 하는 게 어때? 파이프라인을 설치해서 저 오아시스의 물을 끌어와서 장사를 하는 거야."

하지만 B는 이 제안을 거절했다. 지금 하는 일만으로도 하루 먹고 살 걱정은 없었기 때문이다. B가 일찍 일을 끝내고 집으로 돌아갈 때, A는 늦은 시간까지 홀로 남아 조금씩 파이프라인을 설치해갔다. B는 바보스러울 만큼 묵묵히 파이프라인을 놓는 A를 보며 사서 고생이라고 혀를 찼다.

그러나 시간이 흘러 결국 파이프라인이 개통되었다. 이후 두 사람의 운명은 어떻게 달라졌을까? A는 일찍이 말했듯이 파이프라인 사업을 시작해 크게 성공했다. 반면 B는 일자리를 잃었다.

하지만 A는 자신의 성공을 혼자만 즐기지 않았다. 그는 실직한 B를 찾아 마을부터 시작해 전 세계로 이 파이프라인 시스템을 퍼뜨리고, 그렇게 얻은 수익을 작은 금액만 몫으로 챙기자고 제안했다.

수년이 흘러 그들은 은퇴했지만, 전 세계로 확장된 그들의 파이프라인 사업은 아직까지도 연간 수백만 달러가 되어 그들의 은행계좌로 꼬박 꼬박 입금되고 있다.

네트워크비즈니스의 시스템도 결국 이 파이프라인을 구축하는 일과 같다.

직장은 막상 다닐 때는 어떻게 생계를 유지하지만, 퇴직 이후에는 막연해지기 십상이다. 자영업 역시 몸이 아파 드러누우면 누구도 대신해서 해줄 수 없다는 점에서 하루 8시간 매여 있는 직장인과 다를 것이 없다.

투자는 또 어떤가. 자본금 많은 부자들에게는 위험도 적겠지만, 보통 사람들은 손실을 입을 경우 돌이키기 어려운 경우가 더 많다.

하지만 정기적인 로열티 시스템을 가진 네트워크를 구축해 놓는다면 상황은 달라진다. 마치 사막에 파이프라인을 놓듯이 이 네트워크는 막상 구축할 때는 오랜 시간이 걸리지만, 한번 결성되면 잘 와해되지 않으며 비가 오나 눈이 오나 일정한 인세 수입이 평생 통장으로 들어온다.

그렇다면 지금부터 네트워크비즈니스 시스템의 특장점은 무엇인지 살펴보도록 하자.

- 쉽게 따라할 수 있다

학력이나 성별, 나이, 경제적 능력의 조건과 제한이 있다면, 아마 네트워크비즈니스는 지금 같은 높은 성장률을 이룰수 없었을 것이다. 이 사업은 꿈을 이루고자 하는 마음만 있다면 누구나 도전해볼 수 있는 사업으로, 많은 이들을 통해검증된 사업이기도 하다.

- 노력이 축적되고 복제된다

직장이나 자영업은 한 번의 노력이 한 번의 결과만을 가져온다. 그러나 시스템에서는 한 번의 노력이 복제되어 훨씬 큰결과를 만들어낸다. 또한 이달의 노력이 다음 달로 지속적으로 이어지고 축적된다. 즉 사업체가 처음 1명에서 10명, 100명, 천 명, 1만 명, 10만 명으로 커지고 시스템 속에서 자율적으로 움직이며 이익을 낸다. 즉 2~5년의 노력이 20~50년의 결과를 가져다줄 수도 있다.

- 정보와 지식, 꿈을 공유한다

많은 이들이 시스템을 통해서 정보와 지식을 교류한다. 또 서로의 꿈을 시스템을 통해 다시 키우고 함께 발전시켜 나간다.

시스템의 성공 여부는 실제로 그것을 사업에 쉽게 적용할 수 있는가의 여부이다. 그리고 그 시스템을 통하여 부작용이 없어야 한다. 실제로 이러한 조건을 충족시키지 못한다면, 그 시스템은 좋은 시스템이라고 할 수 없다.

그런 면에서 자세와 마음가짐만 있으면 얼마든지 따라하면서 실패를 줄일 수 있는 시스템이 있는가 없는가가 사업의 성패를 결정짓는 중요한 길목이 된다.

나아가 시스템을 배울 때는 한 가지 명심할 점이 있다. 바로 내가 배운 노하우를 혼자만 사용하는 것이 아니라 파트너들과 나누겠다는 다짐이다. 또한 스스로 구체적이고 체계적인 내용을 갖는 것도 필요하다. 제품과 마케팅, 리더십과 팀워크 같은 전문적인 내용 등이 그것이다.

다만 모든 일에는 첫 단추를 끼우는 일이 가장 중요하다. 시스템을 따라 네트워크를 만드는 것이 성공의 지름길이라는 점을 알면서도, 대개의 사람들은 시스템에 대해 무지하거나 잘못 알고 있는 경우가 많다. 만일 새로운 네트워크 사업을 시작하려는 초보자라면, 네트워크 시스템의 흐름과 실행 방법을 상세히 설명한 다음 장을 유심히 봐야 할 것이다.

제3장

네트워크비즈니스의
성공 시스템이란

1

시스템이 성공의 조건이다

네트워크마케팅 시스템을 알아보자

자본주의 사회는 상품과 소비의 사회라고 할 수 있다. 모든 사람들이 매일 일정한 금액을 지불한 뒤 생활과 생존에 필요한 상품을 사들인다. 만일 화폐를 이용한 소비 활동을 멈춘다면 삶이 매끄럽게 유지될 수 없고, 심지어 생존마저도 위협받는다는 점에서 자본주의 사회에서 소비는 필연적인 행위다.

그렇다면 우리가 사용하는 일반적인 상품은 어떤 경로를 거치고, 어떻게 우리에게 도달하는지 생각해본 적이 있는가? 다음의 도표를 보자.

제조업자 → 도매업자 → 소매업자 → 소비자

이는 일반적인 상품들이 우리에게 도달하는 과정을 정리한
것이다. 상품을 생산하는 생산자가 있고, 그것을 유통하는 도
매업자와 소매업자가 있으며, 그 단계를 거쳐야만 비로소 소
비자에게 도달된다. 이 과정에서 도매업자와 소매업자는 중
간 마진이라는 것을 가져가는데, 이 중간 마진은 당연히 소비
자가 지불하게 된다. 그렇다면 이런 유통업자 없이 저렴한 가
격으로 제품을 살 수 있는 방법은 없을까?

그 답이 바로 네트워크마케팅이다. 네트워크마케팅이란 일
반적인 유통 구조를 대폭 줄이고, 대중매체를 통한 광고비를
사용하지 않는 대신 좋은 상품으로 승부를 거는 비즈니스 형
태라고 요약할 수 있다. 나부터 그 상품의 우수성을 인정하고
그 상품의 소비자가 되는 동시에, 주위 사람들에게도 그 상품
을 판매하는 독립 소매점이 됨으로써 소비자가 일종의 유통
업자의 역할을 하는 것이다.

나아가 네트워크마케팅의 또 하나의 장점은 일반 소매점과
달리 그 확장성이 크다는 데 있다. 함께 상품을 나눠 쓰거나
구입하는 소비자가 생기면, 그 새로이 형성된 소비자들 또한

소비자인 동시에 사업자가 되어 또 하나의 그룹을 형성한다.

즉 상품의 소비자들이 그룹을 만들어 서로를 독려하고 소비자그룹 시스템을 확장시킴으로써 윈윈할 수 있는 최적의 시스템을 갖추게 되는 것이다.

놀라운 시스템의 비밀

많은 전문가들이 네트워크마케팅 시스템을 '따라하기만 하면 성공이 복제되는 시스템'이라고 정의하는 것도 이런 이유에서이다. 네트워크를 확장시키고 복제하는 시스템이 확고히 정착되면 누구나 성공할 수 있기 때문이다.

한 예로 프랜차이즈 사업을 보자. 거리를 걷다보면 눈에 쉽게 들어오는 잘 알려진 프랜차이즈점들이 있다.

커피로는 스타벅스, 패스트푸드로는 맥도널드, 도넛으로는 던킨 도넛 등이 대표이다. 실로 많은 은퇴자들의 꿈이 프랜차이즈점을 여는 것이라고 하는데, 그 이유는 큰 경험 없이도 이것만 인수하면 성공은 보장된다는 인식 때문이다.

이는 거짓만은 아니다. 프랜차이즈점 또한 강력한 성공 시스템을 바탕으로 사업을 진행하기 때문이다.

이 프랜차이즈점들은 본사로부터 매장 운영 방법은 물론 특별한 음식 재료와 레시피 등을 모두 제공받을뿐더러, 실시간으로 점검을 받고 매장 활성화 방법을 지도 받는다. 본사에서 마련한 일정한 시스템의 덕을 개개인의 매장 모두가 수혜 받는 셈이다.

이 때문에 이 같은 유명 프랜차이즈점의 경우 엄청난 로열티가 붙기도 하는데, 그 엄청난 액수에도 불구하고 수많은 이들이 이 프랜차이즈점을 운영하기 위해 경쟁하는 것도 바로 그 성공 시스템의 조력을 받기 위해서다.

억대 연봉자를 탄생시키는 네트워크비즈니스 시스템

하지만 누구나 프랜차이즈점을 할 수 있는 것은 아니다. 언급했듯이 일부 유명 프랜차이즈점의 경우 로열티만 해도 억대가 넘는다. 이는 프랜차이즈점의 세계에 진입하기 위해서는 큰 자본이 필요하다는 의미이며, 따라서 어느 정도 자본을 가진 이들만 이 사업을 진행할 수 있다는 이야기다.

그렇다면 네트워크마케팅은 어떨까. 사실 같은 상품도 파는 사람의 능력에 따라 매출은 달라진다. 개개인의 능력 차이가 가게를 살리기도 하고, 죽이기도 한다. 실로 같은 프랜차이즈점도 주인이 어떤 사람인가에 따라 그 매출이 다르다.

네트워크마케팅도 마찬가지이다. 더 큰 열정과 노력으로 임하는 사람은 당연히 더 많은 소비망을 구축하여 더 큰 돈을 벌어들인다.

그러나 또 한 가지 중요한 것은 네트워크비즈니스의 경우, 그 열정과 노력이 사실상 개개인의 능력과는 별개로 얼마나 시스템을 잘 활용하는가로 평가받는다는 점이다. 단적으로 아무리 실력 좋고 열정이 넘쳐도 시스템을 활용하지 못하는 이들은 사업에서 성공하기 어려우며, 반면 경험과 능력치가 적더라도 최선을 다해 시스템을 따라한 사람은 성공할 수 있는 것이 이 사업이다. 네트워크마케팅에서 시스템이 중요한 것도 이 때문이다.

실제로 네트워크비즈니스에서 평범한 사람들이 억대연봉자의 대열에 합류하고 있는 현상도 이를 단적으로 입증해주는 증거다. 그들은 네트워크비즈니스의 시스템이야말로 성공하기 위해 갖추어야 할 자세를 몸에 익히도록 해주는 중요한 도구임을 이해한 이들이다.

인생을 경험해본 이들은 잘 알겠지만 사업에서의 성공 여부는 사실상 그 사업을 하는 사람들의 자세(attitude)에 달려 있다. 누구에게나 자신만의 사업을 일구는 일은 결코 쉽지 않다. 실망과 좌절도 많이 경험할 수밖에 없다.

또한 100% 성공할 수 있다는 가능성도 희박한 만큼 미래의 보상을 믿고 전진할 수 있는 낙관적이고 밝은 마음이 중요하다. 그럼에도 사업을 밑바닥부터 키워나가겠다는 낙관적인 태도와 불굴의 정신을 천성적으로 가진 사람은 매우 드물다. 설사 이런 천성을 타고나 잘 견디고 낙관적인 마음을 가졌더라도 부정적인 메시지와 비관적인 환경이 사기를 떨어뜨릴 수 있다.

이때 시스템은 떨어진 사기를 올려주는 중요한 처방이 된다. 긍정적인 사고를 담은 책과 자료, 비디오 CD는 물론 서로를 독려하는 사업자들이 모이는 세미나 등의 프로그램 등이 부정적인 사고를 억제하고 다시 일어설 수 있는 힘을 준다.

그런 면에서 네트워크마케팅의 시스템은 낙관의 태도로 사업을 끝까지 이끌고 가도록 하는 중요한 힘이며, 이 사업의 핵심체라고 볼 수 있다.

성공한 사람들의 시스템을 배워라

많은 성공자들은 성공하기 위해서는 성공한 사람들의 태도를 배우라고 조언한다. 유유상종이라는 명언도 있듯이, 성공하려면 성공한 사람들과 어울려야 한다.

한 예로 선박왕인 오나시스는 밑바닥 생활부터 억만장자가 된 아주 희귀한 사례로서, 성공한 사람들을 배우기 위해 최선을 다했다고 알려져 있다.

가난한 부두 노동자이던 시절, 놀랍게도 그는 고된 노동으로 받은 월급으로 선주나 선장들이 파티를 하는 고급 레스토랑에서 식사를 했다. 그건 맛있는 음식을 좋아해서가 아니었다. 그저 그 레스토랑에서 성공한 사람들의 생각과 말투, 라이프 스타일을 배우고자 한 것이다.

하지만 모두가 오나시스처럼 대범해질 수는 없을뿐더러, 양극화의 골이 깊어진 지금의 현실 속에서는 더더욱 성공한 사람들을 가까이 보기 어렵다.

그럴 때 필요한 것이 시스템이다. 네트워크비즈니스의 시스템은 다각도의 방향에서 사업을 지원하며 긍정적인 자세로 사업을 해나갈 수 있는 원칙과 방향을 공유하고 제시한다.

대표적으로, 성공한 사람들의 경험을 담은 책들과 다양한 오디오 테이프, 비디오와 강연 동영상 등을 이용하는 것인데, 이는 마치 목수가 사용하는 망치와 톱과 같은 역할을 해서 사업을 키우는 '도구(tool)' 라고 불리기도 한다.

실로 네트워크마케팅에서 성공한 이들이 이 도구들을 얼마나 잘 활용했는지를 살펴보면 왜 이것들이 중요한지 알 수 있다. 그들은 이 도구들에서 끝없이 배우고 자극을 받고 용기를 얻는다. 성공한 사람들의 이야기를 육성으로 들으며 그들의 생각을 닮고, 자세를 배우고, 대인관계 기술을 배운다. 또한 고정관념을 깨고, 실패할 수밖에 없는 나쁜 습관을 성공하는 습관으로 바꿔간다.

이처럼 습관과 태도가 중요한 이유는 다른 것이 아니다. 수많은 성공자들을 연구해보면 그들에게는 공통적인 몇 가지 습관이 발견된다.

스티븐 코비 박사의 7가지의 성공 비결도 이것을 요약한 것이다. 그 7가지는 다음과 같았다.

· 습관 1 : 자신의 삶을 주도하라

인생의 코스를 스스로 선택하라. 성공하는 사람들은 자신이 할 수 없는 일에 집착하거나 외부의 힘에 반응하는 대신, 할 수 있는 일에 집중하며 자신의 선택과 결과에 책임을 진다.

· 습관 2 : 끝을 생각하며 시작하라

자신이 어디로 향하고 있는지 알기 위해서는 전반적인 인생목표를 포함해 최종목표를 정해야 한다.

· 습관 3 : 소중한 것을 먼저 하라

긴급함이 아니라 중요성을 기반으로 업무 우선순위를 정하고 습관 2에서 정한 목표성취를 돕는 계획을 세워라. 우선순위에 따라 업무를 수행하라.

· 습관 4 : 윈 - 윈을 생각하라

쌍방에 도움이 되는 해결책을 추구하라.

· 습관 5 : 먼저 이해하고 다음에 이해시켜라

상호존중하는 환경을 조성하고 문제를 효과적으로 해결하

기 위해서는 타인의 말을 경청하고 열린 자세를 가져야 한다. 이로써 상대도 같은 태도를 보이도록 유도할 수 있다.

• 습관 6 : 시너지를 내라

혼자서 달성할 수 없는 목표를 이루기 위해 팀을 활용하라. 팀원들의 최대성과를 이끌어내기 위해 유의미한 공헌과 최종목표를 장려하라.

• 습관 7 : 끊임없이 쇄신하라

장기적으로 성공하기 위해서는 기도나 명상, 운동과 봉사활동, 독서를 통해 몸과 마음, 영혼을 건강하게 유지하고 쇄신해야 한다.

네트워크마케팅이 제시하는 시스템 도구를 제대로 활용해야 하는 이유도 바로 성공하는 습관들을 몸에 익히기 위해서이다. 좋은 습관을 가지면 어떤 사업에서건 성공할 수 있으며, 시스템이 제시하는 도구들이야말로 이 습관들을 익히는데 중요한 수단이 되는 것이다.

시스템의 기능은 무엇인가?

앞서 살펴보았듯 누구나 성공할 수 있도록 돕는 검증된 시스템, 이것이야말로 네트워크마케팅의 가장 큰 가치다. 문제는 모두가 이 시스템을 신뢰하고 따르지는 않는다는 데 있다.

이런 이들은 자기 방식을 고집하는 것이 성공의 지름길이라고 믿는다. 물론 자신감을 가지는 것은 나쁘지 않지만, 시스템 사업에서는 예외다. 시스템이 확고한 사업은 겸손하게 시스템대로 따르는 것이 가장 빠른 성공의 지름길이기 때문이다.

그럼에도 사람들은 약간의 경험을 지나치게 높이 평가해 시스템대로 차곡차곡 밟아가는 길을 지루해 한다. 강조하건대 시스템은 처음에는 어렵고 복잡하게 느껴질 수 있지만, 알고 나면 매우 쉬운 길이기도 하다.

일반적으로 운동들을 살펴보자. 어떤 운동이건 자세를 배우고 그 자세를 가다듬기 위한 훈련 프로그램이 있다. 네트워크마케팅의 경우 시스템이 바로 그 훈련 프로그램이다. 물론 각자의 창의력과 개성도 중요한 성공의 발판이 되지만, 그 전에 시스템의 원리를 인정하고 따르려는 자세가 중요한 이유도 여기에 있다. 타고난 재능을 가진 운동선수도 결국 훈련 프로그램을 거치지 않고서는 성공할 수 없기 때문이다.

사람을 키우는 시스템, 휴먼 네트워크

네트워크마케팅 시스템을 익혀야 하는 또 하나의 이유가 있다. 그것은 이 사업이 사람과 사람 간의 관계를 기본으로 한 사업이기 때문이다.

한 예로 네트워크마케팅은 작게 시작해서 크게 진행하는 빅 비즈니스(Big Business)라고 불린다. 이렇게 말하는 이유는, 네트워크마케팅은 처음에는 누구나 혼자 시작해 일정한 기간이 지나면 승수의 법칙에 의해 폭발적으로 회원의 증가가 이루어지기 때문이다. 이처럼 증가한 회원은 네트워크를 형성해 무한대로 증식하는데, 네트워크의 증식 정도에 따라 매출액 또한 달라질 수밖에 없다.

예를 들어 나 혼자서는 한 달에 20만 원 정도의 소비를 할 수 없지만, 나의 네트워크 인원이 만 명이라고 가정하면 전체 나의 네트워크에 의한 소비액은 월 10억으로 엄청나게 증가하게 된다. 이처럼 큰 수익구조가 가능한 이유는 바로 이 사업이 지렛대, 즉 승수법칙을 이용한 경제활동 이어서다.

대부분의 사람들은 '시간당 임금 × 일한 시간 수 = 수입'의 규칙으로 살아가는 단순형 체계를 모방하면서 살아간다. 그 결과 수입을 늘리려면 시간당 임금이 오르던지, 일하는 시간을 늘릴 수밖에 없다. 그러나 이 사업은 그날 행한 노력을 지렛대로 이용해 10시간만 일하고도 100시간, 혹은 1,000시간의 수입을 올리게 되는데, 거기에 필요한 것이 바로 휴먼 네트워크다.

즉 이 사업은 처음에는 제품 판매가 중요하다고 생각하기 쉽지만, 깊이 들어갈수록 사람을 만나고 그들을 네트워크로 편입시키는 일이 중요하다.

미국에서도 사업 탄생 초기인 1960~1970년에는 제품이 중심인 사업을 했다. 또한 미국의 네트워크마케팅을 비교적 늦게 받아들인 우리나라에서도 90년대 내내 이런 형태의 사업이 유행했다.

하지만 2000년대 들어 단기적인 제품 중심의 사업보다는 장기적인 관점에서 휴먼 네트워크를 구축하는 사업을 진행하는 이들이 크게 늘어났다. 상품보다는 사람을 중심에 두는 사업이 중요하다는 점을 깨달아간 덕이었다.

상황이 이렇게 변하면서 시스템의 중요성도 커졌다. 제품 판매에 집중했던 시스템이 사람 중심의 휴먼 시스템을 변화하면서, 꿈과 열정을 독려하는 시스템대로 사업을 진행하는 것이 보다 효율적이고 성공적인 방법임을 이해하는 이들도 많아지고 있다.

세일즈가 아닌 교육을 통해 일궈가는 시스템 파워

실제로 네트워크마케팅의 시스템은 세일즈보다는 교육과 홍보에 초점이 맞춰져 있다. 많은 이들이 네트워크마케팅을 생각할 때 물건을 가지고 다니며 파는 세일즈 형태를 생각한다. 하지만 네트워크마케팅은 그 이름에서도 알 수 있듯이 마케팅, 즉 광고하는 일이 중요한 사업이다. 자신이 스스로 물건을 애용하고 품질과 가격 면에서 우수한 제품의 정보를 지인들에게 전달(광고)하는 것이다.

사업은 여기서 멈추지 않는다. 이 순간부터는 광고를 통해 얻게 된 인적 네트워크를 관리하는 것이 중요해진다. 어느 정도 네트워크가 형성되어 관리 직급을 얻게 된 뒤부터는 조직을 관리하고 파트너(다운라인)들이 성공할 수 있도록 후원하고 교육하는 일을 해야 하는 만큼 이 사업은 단순히 세일즈가 아닌 교육사업의 취지를 가질 수밖에 없는 것이다.

이처럼 교육 사업이 중요할 수밖에 없는 또 하나의 이유가 있다. 네트워크마케팅은 다른 사업과 달리 특별한 능력이나 지식, 자본이 필요 없다.

즉 누구나 도전할 수 있는 사업인 만큼 다양한 사람들이 모여들며, 사업의 시스템 하에서 새로 시작하는 자세로 배워가야 한다.

이때 직급을 가진 이들은 자신이 후원하는 다운라인의 사람들을 진심으로 도와주고 협력해야 한다. 또한 이런 도움을 받은 파트너 역시 자신의 네트워크를 결성해서 역시 학벌이나 자산, 능력과 관계없이 사업을 성공적으로 이끄는 방법을 또 다른 파트너들에게 전수한다.

즉 네트워크마케팅은 서로를 키워주는 동시에 자신을 키워가는 사업이며, 따라서 시스템 하의 교육 체계를 철저히 따를수록 원원의 성과도 커진다.

한편 네트워크비즈니스는 스스로 동기를 부여하고 내면의 힘을 기를 줄 아는 사람에게 절대적으로 유리하다. 따라서 자신을 북돋고 정보와 지식으로 무장하고자 하는 에너지의 투자 또한 필요하다.

출퇴근 시에 영어 테이프를 들으며 영어 공부를 하고 책을 읽으며 공부하는 직장인과 마찬가지로, 네트워크 사업자 역시 틈이 날 때마다 지식을 쌓는 데 투자를 해야 한다.

최근에는 네트워크 사업자들을 위한 다양한 서적과 세미나와 강의 등이 준비되어 있는 만큼 적극적으로 읽고 듣고, 참여하도록 하자.

진정한 부와 명예를 얻는 사업

네트워크마케팅은 자영사업이다. 자기가 정한 성공의 크기에 맞춰 얼마든지 보폭을 조절할 수 있다. 최고의 성공을 원한다면 그 만큼의 크기만큼 따라가면 된다. 또한 작은 성공을 원한다면 또한 거기에 걸맞은 노력을 하면 된다. 즉 포기하지만 않는다면 실패란 있을 수 없다.

그러나 일단 사업을 진행하고 시스템을 이해하게 되면 시야가 넓어지고, 꿈의 크기도 커질 수밖에 없다. 앞서도 설명한 지렛대 원리의 힘은 상상 이상의 것이기 때문이다. 이 사업은 일정 기간 동안의 노력만으로 확보한 소득이 평생 동안, 아니 상속까지 가능할 정도로 영속된다.

따라서 일을 멈추면 소득도 멈추는 다른 사업과는 비교할 수 없다. 이번 달보다 다음 달의 소득이 더 많고, 금년보다 내년의 소득이 더 많아진다.

또한 이처럼 확실히 수익이 보장되는 만큼 이를 평소에 꿈꾸었던 삶을 향해 도전하는 발판으로 삼을 수 있다.

처음에는 바닥에서 시작했던 많은 사업자들이 이 일을 통해 보람을 느껴가며, 다양한 활동을 펼치고, 그로 인해

명예까지 얻어가는 과정이야말로 이 사업이 가진 기적적인
면이다.

3

시스템의 특징을 살펴라

현대사회는 치열한 경쟁사회다. 강한 자가 살아남는 것이 당연한 세상이다. 기업들끼리, 심지어 가까운 사람들끼리도 네가 죽지 않으면 내가 죽는다는 심정으로 전쟁을 한다. 이런 사회에서는 이른바 형평성도 제대로 기능할 수 없을뿐더러 서로를 배척하는 극단적인 증오가 횡행하게 되면서 사회적 합의가 어려워지게 된다.

그렇다면 어째서 상황이 이토록 악화된 것일까? 여기에는 필연적으로 자본주의의 모순점인 '부의 편중'이 존재한다. 중간 계층이 무너지면서 빈곤층으로 하락하고, 반대로 상류층은 더욱 견고해지면서 빈곤층과 상류층 사이에는 도저히 넘을 수 없는 두꺼운 벽이 만들어지는 것이다.

그렇다면 이 같은 불평등한 사회에서 인간다운 삶을 누릴 방법은 없는 걸까?

마이크로소프트사의 빌 게이츠는 자신이 만일 소프트웨어 사업을 하지 않았더라면 네트워크비즈니스를 했을 것이라고 말한 바 있다. 그는 아무리 좋은 제품도 합리적인 유통 방식으로 소비자와 만나지 못한다면 실패할 수 있으며, 세상에 이득이 되지 않는 사업은 오래 갈 수 없다는 철칙을 가지고 있었다.

세계의 백만장자의 덕담이니 의심할 바 없겠지만, 실제로 네트워크비즈니스는 국경을 넘어 수많은 부자들을 만들어냈다. 그렇다면 네트워크비즈니스가 무궁무진한 부를 창출해낼 수 있었던 이유는 무엇일까?

정보와 지식, 꿈을 공유한다

네트워크마케팅 시스템은 사업자들의 계층에 상관없이 모두가 정보와 지식, 꿈을 공유할 수 있다는 점에서 공평성에 기반한다.

네트워크 시스템이 제공하는 정보, 지식, 꿈은 다양한 형태로 이루어지는데, 가장 큰 통로는 업라인과 다운라인의 교류라고 할 수 있다. 업라인은 자신의 네트워크 하위 사업자인 다운라인에게 다양한 정보를 제공함으로써 그가 사업을 활력 있게 진행할 수 있도록 돕는다. 그렇다면 왜 성공한 업라인의 도움을 받는 것이 중요할까?

앞서 말했듯이 사업 성공에 경험은 아주 중요한 요소이며, 경험 부족은 실패를 불러오는 첫 번째 요인이다. 하지만 네트워크비즈니스는 기본적으로 서로가 경쟁 상대가 아닌 협력 관계에 있는 윈윈 체제이자, 경험 많은 사람이 경험 없는 사람을 도와주는 멘토 체제를 지향하는 만큼, 어느 정도 자리를 잡을 때까지는 경험자들의 적극적인 도움을 받을 수 있다. 왜냐하면 네트워크 사업은 상대를 성공시키는 것이 자기 자신도 성공하는 시스템으로 유지되고 있기 때문이다.

좋은 사업 아이템에는 몇 가지 조건이 필요하지만 그 중에 가장 중요한 것이 보편성과 공평성이다. 좋은 사업이란 진입 장벽이 낮고 모두에게 공평한 보상을 해주어야 한다. 그런 면에서 네트워크비즈니스는 누구에게나 균등하게 기회가 주어지며, 정보와 기술을 나누며, 타인의 성공을 발판 삼아 나도 성공하는 사업이다.

사실 우리 사회는 학벌과 성별, 자본과 경험 등에 얽매여 자신의 꿈을 펼치지 못하는 경우가 왕왕 있다. 이런 상황에서 네트워크마케팅은 자신의 꿈을 펼칠 수 있는 최고의 장이자, 성공으로 나아가는 가장 빠른 길이 될 수 있다.

노력이 축적되고 복제된다

네트워크마케팅의 시스템은 축적과 복제의 원칙을 통해 성장한다. 여기서 축적한다는 말은 한 번의 노력이 시스템 안에서 수십 배의 효과를 가지는 것을 말한다. 기존의 직장이나 자영업을 생각해보라. 대부분의 삶에서 한 번의 노력은 오직 한 번의 결과만을 가져올 뿐이다.

그러나 네트워크마케팅 시스템은 다르다. 한 번의 노력이 복제되어 엄청난 결과를 만들어낸다. 이달의 노력이 다음 달로, 그리고 지속적으로 이어지며 축적되어간다. 또한 한 사람의 다운라인을 제대로 구축하면, 그가 또 다른 네트워크를 구성하면서 나의 네트워크 또한 무한대로 확장된다.

즉 네트워크 사업의 장점 중에 하나는 바로 끊임없이 그 성공 시스템이 복제를 거듭한다는 것이다. 경험자들이 먼저 습득한 노하우, 즉 난관을 극복하는 법, 사업을 확장하는 법, 사람을 대하는 방법 등 그 경험의 종류는 그야말로 무한하다. 즉 열심히 배우려는 자세와 마음가짐만 있으면 얼마든지 그 방법을 따라하면서 실패를 줄일 수 있다.

이 사업은 스스로 배우고, 배운 것을 행하는 모범을 보일 때, 비로소 누군가를 가르칠 수 있게 된다. 그렇게 하다 보면 사업도 성장하고 스스로도 업그레이드되어 '나'라는 1인 기업의 최고 성공자로 성장할 수 있다.

시스템의 복제는 다음의 과정을 통해 이루어진다.

- 이 사업의 성공의 핵심은 복제에 있다는 사실을 명심, 또 명심하라. 모든 사업 기술은 시스템에 의해 교육하며, 진행한다고 전제하라.
- 자신의 파트너를 가르칠 수 있도록 철저하게 배워라. 모르는 것이 있다면 곧바로 물어보고 직접 실행하면서 오류를 줄여가야 한다.
- 직접 후원하는 모든 파트너들에게 성공의 원칙을 배우도록 하라. 네트워크 비즈니스는 이를 파트너와 함께 배우고 실천하는 것에서 성공이 좌우된다.

- 책, CD, 모임, 세미나 등을 적절히 활용하라.

- 월 사업설명회(STP)를 많이 할 때 사업도 빠르게 성장한다.

- 네트워크 비즈니스에서 스폰서의 도움 없이 성공하기는 매우

  어렵다는 점을 기억하되, 업라인이 멀리 있어 적극적으로 후원을

  받기 어렵다면 스스로 리더가 될 소질을 키워가야 한다.

고정관념과 거절을 함께 극복한다

새로운 개념은 반드시 시대의 고정관념과 충돌을 일으킨다. 이 사업도 마찬가지이다. 기존에는 없었던 새로운 정보와 지식으로 소비자 네트워크를 구성하는 일인 만큼 언제나 일반적인 고정관념과 부딪치게 된다.

하지만 성공은 그 거절을 이겨내는 용기에서 시작된다. 이 거절을 거치고 나면 강한 확신을 얻게 되고 그것이 또다시 사업을 이끄는 추진력이 된다.

이를테면 많은 이들이 사업을 열심히 준비해 놓고도 주변의 부정적 반응 때문에 자신의 생각을 꺾어버린다. 이때 시스템은 그 고정관념과 부정적 견해라는 장애물을 넘어설 수 있

도록 독려하며, 이를 통해 이 사업을 이해하고 나면 거절에 흔들리지 않고 오히려 주변을 설득하게 된다.

이 사업을 좋아하게 되었다는 것은 이를 통해 큰 꿈이 생겼다는 증거이다. 이제 막 생긴 그 꿈을 절실한 꿈으로 바꾸자. 거절을 통해 꿈을 단련시키자. 물론 혼자 힘으로는 꿈을 지키고 사업에 대한 열정과 확신을 추스르기 어려울 때가 많다.

그럴 때 이 사업에서 성공한 수많은 사람들을 생각하자. 그들 역시 고정관념과 수많은 거절을 이미 검증된 방법으로 극복한 사람들이다.

이 사업은 거절이 없는, 실패가 없는 사업이 아니라, 거절과 실패를 극복하는 방법을 배우는 사업인 만큼 시스템을 충실히 따라 내면의 힘을 길러야 한다.

4

네트워크마케팅의 장점은?

 네트워크비즈니스는 사람을 변화시키고, 변화된 인간관계 속에서 이루어진다.

 생각해보면 사업도 가족과 친구 관계와 크게 다를 것이 없다. 특히 네트워크비즈니스는 사람과 사람 사이의 관계가 중심이 되는 이른바 '팀 워크 비즈니스'라고 해도 과언이 아니다. 그렇다면 왜 팀워크가 중요한 것일까?

 네트워크마케팅의 윈-윈(win - win) 정신은 무엇보다도 사람 간의 신뢰와 배려를 바탕으로 한다. 즉 상대방의 성공을 바라는 마음가짐이 얼마나 중요한지를 강조한다. 나 혼자만은 절대로 성공할 수 없는 만큼 모두가 함께 꿈을 이루겠다는 다짐이 필요한 것이다.

따라서 고민을 나누고 더 나은 활로를 찾기 위한 핵심 과정이 중요하다. 사업이 올바르게 성장하고 있는지를 함께 분석 점검하고, 사업진행 방향과 계획에 대해 전략을 짜고, 사업적인 지식과 테크닉, 모르는 사항에 대한 해답, 사업적인 진행 상황, 사업의 미래 전망을 얻을 수 있다는 점에서 현실 가능한 목표를 세우고 자신의 상황에 맞춰 사업을 전개할 수 있다.

자본이 필요 없는 위험 부담 없는 사업이다

또 하나, 네트워크마케팅의 가장 큰 장점 중에 하나는 최소한의 자본으로 도전해볼 수 있는 사업이라는 점이다. 어떤 사업이건 인풋이 있어야만 아웃풋이 생긴다.

투자 없는 결실은 존재하지 않으며, 처음에는 헛된 낭비로 보였던 투자가 눈덩이처럼 커져 큰 결실로 돌아오는 경우도 있다.

네트워크 비즈니스 역시 다양한 물리적, 심적 투자가 필요한 사업이다. 다만 일정 궤도에 오르면 자연스레 시스템이 작동하며 일정한 수입이 고정적으로 들어오는 만큼 가장 투자에 적극적이어야 하는 시기는 초기 2~3년 정도이다.

다만 네트워크비즈니스의 투자란 흔히 생각하듯 자본금 위주의 투자가 아니다. 네트워크비즈니스는 매장이나 공장을 운영하는 것과는 달리 점포나 인력 상주가 필요하지 않다. 또한 일정 정도 물건을 구매한 후 판매하는 재고 사업도 아니다.

다만 네트워크비즈니스는 일종의 시간 투자와 에너지 투자가 중요하다. 많은 자본이 필요하지 않은 만큼 자신의 발로 직접 뛰어야 하지만, 자본금 상실이라는 리스크가 없다는 점에서 무경험자도 얼마든지 도전해 볼 수 있다.

반면 초기일수록 수입은 적고 투자할 비용이 상대적으로 많아질 수 있다. 이 비용은 차비, 기름값, 미팅 시의 작은 선물 비용, 찻값, 밥값처럼 우리가 평소 소비하는 금액 한도 내에서 해결이 가능하다.

사실 네트워크 비즈니스를 하지 않더라도 우리는 평소 생활 속에서 먹고, 입고, 즐기는 비용을 일정 정도 책정하지 않는가. 비단 비즈니스를 한다고 해도 이 비용을 크게 넘어서지는 않으므로 가진 자본금이 적다고 크게 걱정할 필요는 없다.

본인의 시간과 노력을 조절한다

많은 네트워크 사업자들이 직장을 가진 채 투잡으로 이 사업을 시작하거나, 부업으로 시작하기도 한다. 이는 네트워크 마케팅의 경우 스스로 성공의 크기를 조절할 수 있기 때문이다. 따라서 부업으로 시작하다가 사업이 일정 궤도에 오르면 전업으로 전환할 수도 있다.

직장을 다니면서 투잡으로 이 사업을 진행하는 사람도 시간을 잘 쪼개서 하루에 2~3시간만 투자하면 충분히 승부를 볼 수 있다는 것이 이 사업의 큰 장점이다.

반면, 이 사업은 시간 투자의 효율이 중요한 사업이라는 점 또한 기억할 필요가 있다. 성공한 네트워크 비즈니스 사업자들은 하나같이 되도록 많은 사람을 만나고, 이들에게 사업을 전달하는 데 공을 들인다. 도움이 필요하면 먼 거리도 마다 않고 달려가며, 바쁜 시간을 쪼개 다양한 세미나와 모임에도 참석한다.

특히 시간 투자는 이후 큰 결실로 돌아올 수 있는 최대의 수익원인 만큼 시간을 효율적으로 쓰면 반드시 좋은 결과를 볼 수 있다는 점을 기억하자.

성공을 부르는 강력한 메시지

삶을 관리하는 데는 두 가지 관리 방식이 있다. 하나는 위기에 집중하는 방식이고 다른 하나는 목표에 집중하는 방식이다. 문제점에 빠져 있으면 큰 그림을 볼 수 없다. 목표에 집중할 수 있는 8가지 방법을 이용해 위기를 벗어나라.

① **선택** - 새로운 기회를 통해 의욕을 가져다준다.

② **명확한 목표와 정기적인 확인** - 반복적으로 목표를 각인시켜서 스스로에게 성공의 주문을 걸어라.

③ **계획** - '일에 빠져 있는' 대신 '일에 대해 생각하는' 시간을 가져라.

④ **채워져 있는 절반** - 기회, 가능성, 이익에 집중하라.

⑤ **동반자 관계** - 동반자 관계를 통해 갈등을 화합으로 돌려라.

⑥ **확고한 의지** - 실패를 걱정하지 말고 꿈에 집중하라.

⑦ **투명성** - 상대방을 속이지 말고 투명하게 함께 협력하면 둘 다 승리자가 된다.

⑧ **원대함** - 작게 생각하면 모든 게 작아진다. 크게 생각해야 성공도 커진다.

시스템을 따르면 성공이 온다

1. 서두르지 말라. 성공에는 과정이 필요하다. 모든 사업, 경력 그리고 삶은 유아기, 청년기, 성인기 이 세 단계를 거치며 성장하고 진화한다.

① 유아기 - 끊임없는 보살핌이 필요한 시기이다. 아무것도 바라지 말고 계획하라. 늦어진다고 초조해 하지 말고, 깨달음을 얻은 사람처럼 실천해라. 금세 청년기로 성장할 것이다.

② 청년기 - 성급하게 너무 많은 것을 얻으려고 하지 말라. 꾸준하게 소비자를 구축하라.

③ 성인기 - 계속해서 꿈에 집중하고 인내와 끈기를 발휘한다면 당신과 다른 많은 사람들을 풍족하게 할 수 있을 것이다. 그때 비로소 꿈과 끈기의 강력한 결합이 빚어낸 보상을 받을 수 있다.

2. 성공을 지속시키려면 자기계발에 힘써라.

3. 성공을 설계하는 데는 마음의 설계가 필요하다. 내가 이루고자 하는 꿈에 집중하고 성취할 수 있다고 확신하라.

4. 열심히 하기보다 영리하게 일하라. 편안하고 여유롭게 일할 때 더합리적이고 효과적으로 일할 수 있다. 무슨 일을 하건 여유를 가져라.

제4장

네트워크마케터를 위한
성공의 8단계 전략

1

꿈과 목표를 설정한다

마음을 가다듬고 다음의 두 가지 질문을 던져보자.

' 그 동안 내가 살아온 삶은 어떠했는가? '

' 앞으로 남은 생애 동안 이루어갈 꿈이 있는가? '

이 질문에 곧바로 대답할 수 있다면, 어쩌면 지금까지의 삶도 충분히 가치 있는 삶이었을 것이다. 그러나 현실은 이 만큼도 쉽지 않은 것이 사실이다. 누구나 살아오면서 앞선 두 질문을 던져보았겠지만, 여기에 명확히 답할 수 있는 사람은 많지 않다. 특히 여기에서 중요한 것은 미래에 대한 질문이다. 지금도 늦지 않았으니 창의력을 발휘할 길을 찾아 올바르게 진행할 수 있다면 좋겠지만, 나날이 불황으로 접어들고 있는 현대사회에서 개개인이 성공할 수 있는 기회는 갈수록 줄어들고 있다.

여기서 우리는 네트워크비즈니스가 주는 의미를 다시 한 번 상기할 필요가 있다. 이 사업은 우리에게 미래의 비전을 바라볼 수 있는 기회를 제공하며, 노력 하나로 자신의 꿈을 현실로 만드는 일을 가능하게 해주기 때문이다.

중요한 것은 여러분 자신이다. 이 사업에서 성공하려면, 우선적으로 어떠한 희생과 대가를 치르더라도 반드시 성공하고야 말겠다는 진정으로 원하고 반드시 성취하고자 하는 단호한 결단력이 필요하기 때문이다.

나아가 이 사업을 반드시 해야만 하는 분명한 이유도 있어야 하는데, 〈그것이 바로 꿈이다.〉 왜 이 사업을 해야 하는지, 나는 이 사업을 통해 무엇을 이루어야 하는지 그 이유를 스스로 정립하는 것이 바로 꿈을 설정하는 첫 단계이다.

다시 한 번 스스로에게 질문을 던져보자.

'5년 후, 아니 10년 후, 당신은 어떤 모습으로 살아가고 있을까?'

인생을 살아가는 데 불가사의한 일 중의 하나는, 누구는 성공하고 누구는 실패한다는 것이다. 승자들이 지니고 있는 많은 특징 중에 가장 뛰어난 특징은 강한 욕망과 성취하려는 추진력이라고 할 수 있다. 이들은 과거나 현재가 아닌 미래를 보고 살아간다.

물론 지금의 현실이 맘에 들지 않을 수 있다. 하지만 지나칠 정도로 현재에 초점을 맞추면 미래는 사라져버린다. 그러므로 지금 해야 할 첫 번째 단계는 미래에 대한 커다란 꿈을 명확하게 가지는 것이다.

다음의 시스템 가이드를 살펴서 그 답을 신중하게 써내려가보자.

시스템 가이드

- 나이, 경제적, 가족 관계 안에서 등등 현재 내 위치가 어디인지를 살펴보자.
- 미래를 설계하려면 현재 자신의 위치를 분명히 알아두어야 한다.
- 현재와 미래를 모르고 나머지 인생을 설계한다면 또 다른 시행착오를 낳게 마련이다.

① 앞으로 나의 인생은 얼마나 남았는가?

10년 (   ) 15년 (   ) 20년 (   ) 25년 (   )

30년 (   ) 35년 (   ) 40년 (   ) 45년 (   )

② 사회적 평균에서 나의 자산은 어느 정도인가?

상 (   ) 중 (   ) 하 (   )

③ 나의 현재 자산은 얼마인가?

(1) 나의 집은?

(2) 나의 자동차는?

(3) 현재 직장에서 나의 위치는?

(4) 나의 한 달 수입은?

(5) 나의 한 달 지출은?

(6) 나의 자녀 수는?

(7) 내 건강 상태는?

(8) 나는 취미생활을 하고 있는가?

(9) 나는 사회활동을 하고 있는가?

(10) 현재 친구들은 있는가?

(11) 나의 노후보장 계획은?

(12) 나의 부채는?

(13) 재정적 자유를 위해 투자하고 있는가?

(14) 시간적 자유를 위해 투자하고 있는가?

④ 평소에 간절하게 꿈꾸어왔던 세 가지는?

(1)

(2)

(3)

⑤ 꼭 해보고 싶었던 일 세 가지는?

(1)

(2)

(3)

⑥ 인생을 새로 시작한다면 어떤 모습이고 싶은가?

(1)

(2)

(3)

⑦ 남은 인생에 꼭 해보고 싶은 일 세 가지는?

(1)

(2)

(3)

⑧ 남은 여생 동안 꼭 소유해보고 싶은 것은?

(1)

(2)

(3)

⑨ 소중한 사람들과 함께 해보고 싶은 일은?

(1)

(2)

(3)

⑩ 당신에게 매달 추가 수입이 생겼을 때 해보고 싶은 일은?

10만원

30만원

50만원

100만원

300만원

500만원

1,000만원

1,000만원 이상

기타

2

반드시 성취하겠다는 결의를 다진다

어떤 일을 반드시 성취하겠다는 결심은 성공으로 다가가는 첫 걸음이다. 또한 그 첫 걸음을 현실로 만드는 일은 습관과 실천에 달려있다. 아무리 꿈을 이루겠다는 결심을 다져도 실생활에서 습관을 구축하고 실행으로 이끌지 않으면 아무 소용이 없는 것이다. 즉 어떤 사업을 성공으로 이끄는 방법은 올바른 습관과 실천이며, 이 부분을 잘 알면 백전백승으로 나아갈 수 있다.

네트워크마케팅은 성공으로 나아가는 습관을 고게더(Go-Getter) 행동 계획이라고 부른다. 고게더라는 영어를 우리말로 풀이해보면 '실행하여 점차 얻는다' 는 말로 칭할 수 있는데, 좋은 습관을 하루하루 실천하면 목표에 도달한다는 것을 의미한다.

물론 이 단계적 습관들도 믿음 없이는 소용 없다. 네트워크 마케팅을 진행할 때 가장 어려운 부분은 정말로 성공할 수 있다고 확신하는 '믿음'을 유지하는 일이다. 어떤 일이건 할 수 있다고 믿지 않는 한 의욕 부진의 상태에 빠질 수밖에 없다. 할 수 있다고 믿지 않으면 행동 자체가 생겨나지 않으며, 행동 없는 계획은 제대로 유지될 수 없기 때문이다.

이 '할 수 있는 믿음'을 얻기 위해서는 꾸준한 고게더 실행이 필요하다. 이 마음은 선천적으로 타고나는 것이 아니라 실천을 통해 얻어진다.

한 예로 성공한 사업자들은 스스로 동기부여하기 위해 다양한 책과 테이프, 모임 등의 시스템 프로그램을 충실히 따른다. 이 모든 것들이 그에게는 고게더의 요소들이며, 이는 내면의 믿음을 강화시키고 배운 것을 실행까지 이르는 가장 확실한 방법이다.

이제 믿음은 지능의 문제가 아닌 의지의 문제임을 이해하자. 그것은 두려움, 의심, 지식의 부족, 거절, 절망의 숲을 헤치고 일어나는 마음의 화학작용이다.

목표를 인식하고 성공의 패턴과 원칙을 따르며 꾸준히 고

게더를 행하라. 그러면 당신도 새롭고 훌륭한 리더로 성장할

것이다.

시스템 가이드

- 꿈과 계획은 변할 수 있다. 그러나 의지와 결단은 변하지 않는다.
- 인생에서 가치 있는 것을 얻으려면 진정한 결단이 필요하다.
- 확고한 결단을 내렸다면 그 결단에 어울리는 행동과 습관을 형성해야 한다.
- 그렇게 형성된 행동과 습관을 일관성을 가지고 올바르게 유지하면 반드시
  성공한다.
- 행동을 습관화하려면 고게더의 실행 방식을 적극적으로 따라야 한다.
  이것이 성공의 원칙이다.
- 시간을 투자하고 행동하겠다고 서약서를 통해 재차 결단하라.

● 서약서 - 1 : 진정으로 성공하고 싶다면 이에 서약하라.

오늘 날짜	201 년 월 일
성공목표 (비즈니스의 가치성)	
성공을 위한 행동 (마음의 자세)	
방해물/극복전략	

단계별 실행계획		그림 / 상징
1 단계		
2 단계		
3 단계		

● **서약서 - 2** : 진정으로 성공하고 싶다면 이에 서약하라.

구 분	일일 행동 지침	
자기보상		
이 름		서 명	
목표를 공유하고 도와줄 스폰서 이 름: 연락처:		서 명	

● 단 · 중 · 장기 목표

처음 1년간의 목표를 1개월 단위로 정한다		직급
년 월까지의 목표		
년 월까지의 목표		
년 월까지의 목표		
년 월까지의 목표		
년 월까지의 목표		
년 월까지의 목표		
년 월까지의 목표		
년 월까지의 목표		
년 월까지의 목표		
년 월까지의 목표		

처음 10년간의 목표를 1년 단위로 정한다	
년 목표	
년 목표	
년 목표	
년 목표	
년 목표	
년 목표	
년 목표	
년 목표	
년 목표	
년 목표	

사업 시작 10년 후 목표를 정한다	
년 목표	
년 목표	
년 목표	

년 목표	
년 목표	
년 목표	
년 목표	
년 목표	
년 목표	
년 목표	

● 행동계획 (Go - GETTER)

① 매일 책을 15~30분 읽자(최소한 1개월에 1권의 책을 읽자)

(1) 삶의 지혜를 배울 수 있다.

(2) 자기계발과 성장을 도모할 수 있다.

(3) 성공한 사람들의 사고와 정신력을 배울 수 있다.

(4) 자아발견과 동기부여의 기회를 가질 수 있다.

(5) 성공을 위한 내면의 힘을 기를 수 있다.

② 매일 1개 이상 테이프나 CD를 듣자

(1) 사업을 올바로 이해하고 사업의 성장을 도모할 수 있다.

(2) 사업에 대한 비전을 공유할 수 있다.

(3) 어떻게 사업을 진행할지 올바른 방법을 배울 수 있다.

⑷ 스스로를 동기부여 할 수 있다.

⑸ 성공의 복제를 극대화할 수 있다.

⑹ 필기하면서 듣고, 반복해서 들으면 효과가 크다.

③ 미팅에 100% 참석하자(오픈 미팅/ 세미나/ 랠리/ 펑션)

⑴ 네트워크마케팅은 미팅에서 이뤄지는 교육이 곧 사업으로 이어진다.

⑵ 자신감과 열정을 축적시킬 수 있다.

⑶ 성공 지향적이거나 이미 성공한 사람들과 교류하며 윈윈 관계를 형성할
수 있다.

⑷ 성공한 사람들의 경험과 노하우를 배울 수 있다.

⑸ 큰 규모의 미팅일수록 열심히 참석해 이 사업을 신뢰할 수 있는 기회를
마련하자.

④ 전 제품을 100% 애용해 제품의 전문가가 되자

⑴ 제품은 내가 직접 사용해야 한다.

⑵ 구매 방법과 습관을 계획적으로 바꿈으로써, 충동구매를 억제하고
생활비를 절감하는 효과를 직접 경험해본다.

⑶ 나부터 제품에 신뢰를 가지고 최우수고객이 된다.

⑷ 등록 후 1개월 내에 5-10가지 제품을 사용해보면 좋다.

⑸ 매월 10가지 정도 제품 사용을 증가시켜 나간다.

⑹ 전 제품을 100% 애용하면서 지식을 쌓아 누가 물어봐도 대답할 수 있는 제품에 대한 전문가가 되자.

⑤ 사업 소개에 적극적이어야 한다

⑴ 스스로 사업설명을 할 만한 기본을 갖추도록 노력하자.

⑵ 사업 설명은 월 15회 정도가 이상적이다.

⑶ 처음부터 잘하는 사람은 없는 만큼 철저하게 배우고 연습하면 누구나 할 수 있다.

3

비즈니스를 위한 명단을 작성한다

네트워크마케팅에서 명단은 돈보다 중요한 자본이다. 한 사람 한 사람 적을 때마다 내 사업체의 자본금이 늘어난다고 생각해야 한다. 명단을 작성할 때는 '이 사람은 돼, 이 사람은 안 돼' 같은 개개인에 대한 주관적으로 판단내리지 말고 아는 사람 모두를 적어보도록 하자. 이때 친척, 동창, 직장동료, 친구 등 몇 그룹으로 나누어 작성하는 것도 좋은 방법이다.

이 사업은 꿈을 품고 스스로 선택해 나아가는 길과 같다. 그 길에 적절한 동반자가 있다면 함께 성공하는 길도 훨씬 가까워진다.

꿈이 있는 사람, 뭔가를 찾는 사람, 마음이 열린 사람을 찾아 사업의 비전을 검토할 수 있도록 도와주자.

시스템 가이드

- 명단을 작성할 때는 스폰서와 함께 하자.
- 충분한 시간을 가지고 당신이 아는 모든 사람을 적어보도록 하자.
- 생각이 나지 않더라도 최소한 1시간은 진행한다.
- 전화번호부를 활용하고, 직업군으로 분류 명단을 만들어도 좋다.
- 처음에는 50명 이상의 명단을 기입하도록 하자.
- 가장 이 사업을 같이 하고 싶은 사람을 먼저 기록하되, 이후의 사람들도 앞서 판단하여 명단에서 빼지 않도록 한다.
- 명단을 항상 가지고 다니면서 생각이 나는 이름이 있으면 그때그때 곧바로 적어둔다.
- 새로운 사람을 만나도 명단에 기록해둔다.

● 명단 분류

① 1차 명단 5가지 분류를 기억하자

⑴ 친지나 친척(본가/처가/외가)

⑵ 이웃(과거/현재)

⑶ 학교 동창(초,중,고 대학 동창회 명부)

⑷ 직장 동료, 업무상 지인(과거/현재)

⑸ 알고 지내는 사람(교회/취미활동/동호회/서클/기타모임)

② **2차 명단을 작성하자**

(1) 새로운 사람을 만날 때마다 명단을 늘려나간다.

(2) 매일 습관적으로 새로운 사람을 사귀자.

(3) 명단에 올린 사람들이 이미 나와 사업을 하고 있거나 사업을 하고 싶어
한다고 생각하라.

(4) 항상 같은 가게에서 쇼핑을 하는 등 일상 속 공간에서 타인과 친밀감을
쌓아라.

(5) 적당한 때, 당신이 초청하고자 하는 사람을 직접 초청할 타이밍을 찾아라.

다음의 리스트는 작성한 명단의 이름들을 평가하는 리스트이다.
직접 작성해보자.

이름	관계	연락처	상 : 3 / 중 : 2 / 하 : 1					합계
			긍정적	꿈 · 목표	경제적	사회적	인격적	

나이	지역	STP			반응	분류		
		교육장	홈미팅	직접		소비자	회원소비자	사업자

만남과 초청을 한다

네트워크마케팅은 결국 누군가를 만나야만 사업이 진행된다. 아무도 만나지 않으면 아무것도 이루어지지 않는다. 따라서 사업을 시작할 때 가장 먼저 해야 할 일은 예비사업자에게 전화를 걸거나 직접 만나서 사업 소개를 진행할 날짜를 정하는 것이다.

물론 갑자기 전화를 걸거나 만남을 청하는 일은 결코 쉽지 않다. 그러나 이 사업의 성장과 성패는 이런 순간에 어떠한 자세로 진행하는가에 달려 있다. 그렇다면 보다 수월하고 성공적인 만남과 초청을 방법은 무엇일까?

옛말에 지피지기면 백전백승이라고 했다. 상대방의 현재와 미래, 그리고 사고방식을 미리 파악한다면 전화를 하고 만남을 이끌어내는 것도 어려운 일만은 아니다. 따라서 전화를 걸거나 만남을 청하기 전에 상대의 상황을 생각해보고 필요하다면 전화 내용을 미리 작성해 연습해보는 것이 좋다.

또 하나, 만남을 이끌어낼 때는 프로의식을 가지고 당당한 자세로 임해야 한다. 설사 거절을 받거나 상대가 약속 장소에 나타나지 않았다고 해도 좌절할 필요는 없다. 이런 거부 반응은 사업을 성공으로 이끄는 데 반드시 거쳐야 할 과정이자 통과의례일 뿐이다.

대부분의 사람은 새로운 것에 막연한 두려움과 거부감을 가진다. 이는 어디까지나 보편적인 현상이며 그들은 여러분 자체를 거부하는 것이 아니라 여러분의 권유를 거부할 뿐이다. 새로운 것에 대한 막연한 두려움으로 선뜻 다가서지 못하는 것이다. 그러니 이를 인정하고, 의기소침해하거나 상심하지 않고 그 순간을 현명하게 극복하는 자세가 필요하다.

시스템 가이드

① 만남과 초청을 준비할 때는 반드시 스폰서와 상담해 효과적인 표현법
   등을 연습하자.
: 스폰서로부터 스피치 기법, 몸동작, 이미지 표현 등을 배우자.
   이를 연습하는 시간이 길수록 초청 성공 확률도 높아진다.

② 만남과 초청에 관한 다양한 정보들을 수집해 활용하자.
: 스폰서에게 부탁해 초청 인사말 등을 녹음한 테이프나 자료를 받아 최대한
   활용하도록 한다.

③ 명단의 사람들 중 긍정적이고 활동적인 사람을 먼저 초청하자.
: 미래에 도전하는 것을 두려워하지 않는 사람, 매사에 성실하고 존경 받는
   사람들일수록 좋다.

④ 명단 외의 사람도 기꺼이 초대하자.
: 꼭 명단에 있지 않더라도 기회가 있을 때마다 사업을 알리고, 부부나 가족
   단위로 초청하는 것도 좋은 방법이다.

⑤ 부탁하거나 강요한다고 생각하지 말자.
: 내가 먼저 연락했다고 해서 부담을 준다고 생각하는 대신, 상대에게 유익한
   정보를 전달하고 제공한다고 생각하자.

⑥ 첫 초정 시 대화는 짧게 하도록 하자.

: 상대의 질문에 정확하고 짧게 대답할 수 있도록 미리 연습하고 내용을

　숙지한다.

⑦ 당신이 바쁘다는 것을 인식시켜라.

: 바쁜 사람 주변에는 사람이 모인다. 당신이 성실하고 바쁘게 움직이는

　사업자라는 사실을 어필하라.

⑧ 만남과 초청 역시 비즈니스의 과정임을 잊지 말자.

: 한 번의 만남과 초청으로 사업이 이루어지기는 어렵다.

　설사 거절당하더라도 좌절하지 말고 꾸준히 나아가도록 한다.

● 만남과 초대를 위한 전화 초대법

① 전화 이용 시 필요한 사항을 미리 숙지한다

- 우호적인 분위기 형성

- 상대의 여유 시간 배려하기

- 짧은 시간 내에 사업적인 부분을 설명하기

- 약속을 재확인하기

② 멋진 목소리와 말투를 연습한다

: 목소리는 전화 초청에서 나를 보여줄 수 있는 최대의 표현이자 1차적

　수단이다. 목소리가 잘 들리도록 분명하고 크게 말할 수 있게 발음을 연습하자.

● 비전 제시법을 익힌다

- 새로운 사업에 대한 정보를 다양한 방법으로 암시한다.

- 통화한 상대를 만남으로 이끌어 사업 가능성을 확인시킨다.

- 이 사업이 빠르게 성장하고 있는 사업임을 확인시킨다.

- 추가 수입을 올릴 수 있다는 가능성을 시사한다.

- 세미나와 사업설명회 등을 통해 많은 사람과 다채롭게 교류하는 모습을

  보여준다.

다음은 전화 통화와 만남 전에 상대의 기본적 정보를 담을 수 있는

미팅 리스트이다. 직접 작성해보도록 하자.

● 미팅 리스트

List			
성명		생년월일	
주소			
연락처		Tel.	
가입일자		성장도	
직장		직업	
각종기념일		기타	
가족관계		가족관계 사업보조	
날짜			
특이사항			

● 미팅 사항

만남or 통화일	내　　　용
년 월 일	
년 월 일	
년 월 일	
년 월 일	
년 월 일	
년 월 일	
반응	

성공적인 사업설명을 한다

사업 설명은 네트워크비즈니스의 시작이다. 씨를 뿌리는 농부의 마음으로 당장 눈앞의 이익보다는 장기적인 안목을 가져야 한다. 모두가 나의 동료가 되어야 한다는 과욕은 접어두고 최대한 많은 사람에게 내 사업을 알려야 한다. 자신이 주도한다는 느낌으로 자신만의 노하우를 쌓기 위해 노력하자.

하지만 경험이 많지 않은 사람은 이 단계에서 시행착오를 저지르기 쉽다. 따라서 나보다 경험 많은 업라인의 도움이 필수적이다. 초대한 사람들에게 이 업라인을 얼마나 제대로 소개하느냐에 따라 사업 설명의 분위기가 달라진다. 다만 이때도 중요한 것은 그 자신이 사업설명회를 진행해야 한다는 점을 잊지 않는 것이다.

시스템 가이드

① 사업설명(STP : Show The Plan)의 진행 방법

(1) 상대방과 친밀감을 형성한다.

(2) 시대 변화와 현실을 점검한다.

(3) 마케팅 플랜을 제시한다.

(4) 수입 구조를 공개한다.

(5) 비전을 제시한다.

② 사업자의 기본 행동원칙

(1) 사업상의 장소에서는 복장과 용모를 단정히 한다.

(2) 모든 미팅 장소에는 자녀 등 어린아이를 동반하지 않는다.

(3) 가능한 미팅 10분 전에 앞자리에 착석하고 강의 내용은 꼼꼼히 기록한다.

(4) 강의 전에는 휴대폰을 꺼서 강의 진행에 방해가 되지 않도록 한다.

(5) 강의장에는 음료와 커피를 비롯해 어떤 음식물도 반입하지 않도록 한다.

(6) 파트너들을 접할 때는 항상 웃으면서 인사한다.

(7) 교통편은 가능한 한 각자 해결한다.

⑻ 새로운 파트너가 초대되면 업라인 스폰서에게 소개한다.

⑼ 사업자 상호간에 금전적 거래는 절대 하지 않는다.

⑽ 교육장 안에서 본인의 직업과 관련된 권유(예 : 보험 가입, 각종 회원 가입,

자동차 판매 권유) 등은 하지 않는다.

⑾ 정치적, 종교적 이야기는 피한다.

⑿ 모든 공식적인 만남에서 비용은 각자의 부담을 원칙으로 한다.

③ 시스템이 추천하는 사업설명 순서 요령

⑴ 인사말, 편안한 분위기를 연출한다(2분 정도).

⑵ 주최자는 강사를 소개한다(2분 정도).

⑶ 새로 초청된 사람들을 편안하게 해준다(5분 정도).

⑷ 영상 시청(10-20분 정도), 상황에 따라 생략해도 좋다.

⑸ 틀에 박힌 고단한 직장생활 이야기로 공감을 나눈다(5분 정도).

⑹ 네트워크 비즈니스에 대해 설명한다(30분 정도).

⑺ 자세와 목표, 드림빌딩에 관한 이야기를 진행한다(25분 정도).

⑻ 수익구조에 대해 설명한다(15분 정도).

⑼ 회사를 소개한다(5분 정도)

⑽ 네트워크마케팅의 핵심 원칙인 성공적인 스폰서십을 소개한다(10분 정도)

⑾ 인쇄물을 통해 이 비즈니스에서 필요한 다양한 제품에 대해 설명한다

(10분 정도).

⑿ 설명회 후 마무리하며 제품 체험 기회를 제공한다(30분 정도).

후속 조치(Follow Up)를 한다

만약 첫 모임이 교육장 밖에서 시작되었다면, 다음 모임은 교육장에서 이루어지도록 해야 한다. 모임이 약간 잘못되었을지라도 후속조치가 잘 되면 1차적으로 성공했다고 볼 수 있다.

① 후속조치, 이렇게 하자

적절한 시기에 누군가를 만나는 건 성공에서 아주 중요한 요소다.

- 언제?

• 후속조치는 모임이 끝난 후 초청된 다음 만날 약속을 하는 것이다. 또한 그 사람이 다른 사람을 초청할 수 있도록 한다.

• 24시간이나 48시간 이내에, 그 사람의 관심이 있을 때 만나도록 하라.

- 어떻게?

• 가능한 언제나 그들로 하여금 이 사업을 성공적으로 해나가는 사람과 만나게 한다.

• 그들의 꿈을 다시 적어보고 명단작성을 하도록 한다.

• 첫 1:1미팅이나 홈 미팅을 갖기 위하여 그들과 만날 약속을 하라.

• 사업을 바로 시작하는데 관심이 없다면 '단순회원' 이 되도록 한다.

- 예문

• "얼마나 빨리 꿈을 이루기 바랍니까?"

"당신이 중요하다고 생각하는 또 다른 것은 무엇입니까?"

• 그 사람과 서로 충분히 대화를 나누고 난 후, "자 이제 당신이 알고 있는 사람들을 모임에 초대해 봅시다." 라고 말한다.

• "어떻게 결정했습니까?" "회원신청을 하시겠습니까?" 같은 표현들은 사용하지 않도록 한다. 항상 그들이 이 사업에 들어오기를 원한다고 생각하라.

- 결과에 대한 목표 (당신이 만나게 될 사람들은 다음 중 하나가 될 것이다)

• 가입회원(사업자)

• 단순회원, 당신이 성공해 나가는 모습을 지켜보면서 사업을 하게 될 사람

• 다른 사람을 소개해 줄 사람

② Follow - up 진행요령

성명	책	C D	자료	미팅					Follow-up					기타
				기초교육	시스템교육	제품교육	세미나	컨벤션	1	2	3	4	5	

7

카운슬링

문제가 생겼을 때 서로 도울 수 있다는 점 이야말로 네트워크비즈니스의 힘이다. 생각해보면 사업도 인간관계. 특히 네트워크비즈니스는 사람과 사람 사이의 관계가 중심이 되는 이른바 '상담 비즈니스'라고 해도 과언이 아니다.

그렇다면 왜 상담이 중요한 것일까?

네트워크마케팅의 윈-윈(win - win) 정신은 무엇보다도 사람 간의 신뢰와 배려를 바탕으로 한다. 즉 상대방의 성공을 바라는 마음가짐이 중요하다. 나 혼자로는 성공할 수 없는 만큼 모두 함께 꿈을 이루겠다는 다짐이 필요한 것이다.

이 사업에서 상담은 고민을 나누고 더 나은 활로를 찾기 위한 핵심 과정이다. 사업이 올바르게 성장하고 있는지를 스폰서와 함께 분석 점검하고, 사업진행 방향과 계획에 대해 전략을 짜는 것이다. 또 사업 이야기가 골자이긴 하지만, 이처럼 상담을 하기 위해서는 무엇보다도 내 모든 것을 보여줄 수 있는 솔직한 마음가짐이 있어야 한다.

특히 이 사업은 신뢰의 사업이자 약속의 사업이므로 자신이 말한 것에 대해 실천을 통해 책임을 져야 한다. 그리고 이를 통해 많은 경험을 얻고 성공에 가까워지면, 또 그 힘을 다른 사람에게도 나누어져야 한다. 서로가 서로에게 힘과 나침반이 되어주는 것, 바로 네트워크비즈니스의 파워인 셈이다.

네트워크마케팅에서 카운슬링은 하나의 장기적인 시스템이다. 굳이 예비사업자가 아니라도 경험자나 성공한 사람들 또한 더 높은 리더로부터 카운슬링을 정기적으로 받는다.

이 같은 카운슬링은 최소한 일주일에 1회는 해야 하며, 필요할 시는 심지어 하루에 한 번 꼴로 갖기도 한다. 이처럼 회수가 중요시되는 것은, 그만큼 네트워크마케팅에 카운슬링은 없어서는 안 되는 시스템이기 때문이다.

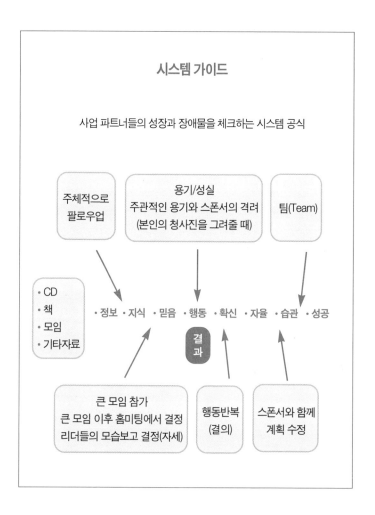

시스템 가이드

사업 파트너들의 성장과 장애물을 체크하는 시스템 공식

주체적으로
팔로우업

용기/성실
주관적인 용기와 스폰서의 격려
(본인의 청사진을 그려줄 때)

팀(Team)

- CD
- 책
- 모임
- 기타자료

·정보 ·지식 ·믿음 ·행동 ·확신 ·자율 ·습관 ·성공

결
과

큰 모임 참가
큰 모임 이후 홈미팅에서 결정
리더들의 모습보고 결정(자세)

행동반복
(결의)

스폰서와 함께
계획 수정

8

복제

네트워크 사업의 장점 중에 하나는 끊임없이 성공 시스템이 복제를 거듭한다는 점이다. 경험자들이 먼저 습득한 노하우는 그 자체로 다른 사업자들에게 도움이 된다. 난관을 극복하는 법, 사업을 확장하는 법, 사람을 대하는 방법 등 그 경험의 종류는 그야말로 무한하다. 즉 열심히 배우려는 자세와 마음가짐만 있으면 얼마든지 그 방법을 따라하면서 실패를 줄일 수 있다.

● 시스템 복제, 이렇게 하자

· 자신의 파트너를 가르칠 수 있도록 배워라. 성공의 핵심은 복제에 있다. '성공의 8단계'를 실행하면서, 그 시스템에 의해 교육하며, 진행한다고 전제하라.

· 직접 후원하는 모든 파트너들이 이 '성공의 8단계'를 배우도록 하라. 네트워크비즈니스는 검증된 사업으로 사업자의 성공을 입증케 하는 '성공의 8단계'를 파트너와 함께 배우고 이를 실천하고 있는지를 파악하라.

· 이 사업에서 성장하는 가장 빠른 길은 시스템의 복제에 있다. (책, CD, 모임, 고-게더를 프로모션하라)

· 모든 신규 · 기존의 파트너와 시스템을 따르고 있는지를 파악하라.

· 월 사업설명회(STP)를 많이 할 때 사업도 빠르게 성장한다.

· 네트워크비즈니스에서 스폰서의 도움 없이 성공하기는 매우 어렵다. 그러나 만약 당신의 업라인이 멀리 있어 후원 받을 수 없다면, 당신 스스로 '성공의 8단계'를 실천하여 자신 스스로가 리더가 되어야 한다.

제5장

비즈니스에 **도움**이 되는
컨택과 실행**전략**

컨택하기

로버트 A. 롬 박사는 자신의 저서 〈긍정적인 성격 프로파일(Positive Personality Profile)〉에서 "내가 당신을 이해하면 우리는 좀 더 나은 관계를 맺을 수 있다. 당신 자신과 남들을 이해하기 위해서는 '성격 통찰력'을 이해해야 한다"고 강조한 바 있다. 여기서의 성격 통찰력은 비즈니스 세계에서도 반드시 필요한 기술이다. 특히 이 성격 통찰력은 상하 방향으로 신뢰감을 형성하고, 목표를 설정하고, 일을 계획하는 데 매우 중요한 역할을 한다. 상대방의 각자 다른 성격을 이해하면 모든 일이 쉬워지기 때문이다.

컨택을 통해 약속을 잡는 일도 이에 기반한다. 컨택 시에는 전화가 사용되는데, 여기서 전화를 거는 것은 상대방에게 사업 프리젠테이션을 하기 위함이 아니라, 오히려 그가 나의 사업 파트너로 자격이 있는지 여부를 판단하는 사전 단계라고 볼 수 있다.

전화를 걸 때는 짧게, 전문가다운 태도로 임해야 하며, 일단 전화를 걸었으면 반드시 결과를 얻도록 해야 한다. 다음의 절차들을 숙지하면 도움이 될 것이다.

① 전화 컨택의 절차

⑴ **자신이 누군지를 밝히고, 시간이 많지 않다는 점도 언급한다.**
　: "안녕하세요, 저 ○○○입니다. 지금은 많이 바빠서 직접 뵙고 말씀 드릴 수는 없지만 이렇게 전화를 드린 건 꼭 한번……."

⑵ **상황이 따라준다면 칭찬을 한다.**
　: "저번에 만나 뵈었을 때 정말 놀랐습니다(상대방의 태도, 생각, 했던 말, 상황 판단 능력 등에 좋은 인상을 받았음을 피력한다)."

⑶ **전화를 건 이유를 밝힌다.**

: "일전에 제가 말씀드렸는지 모르겠는데, 제가 비즈니스를 진행중인데요(혹은 "제가 꽤 성공적인 마케팅 회사에서 일을 하고 있는데요."). 지금 꽤 사업이 잘 진행되고 있어서요."

⑷ **상대가 사업자로 자격이 있는지 확인한다.**

: "한 가지 여쭤보자면, 혹시 경제적으로 무리가 없고 시간만 허락되신다면 부수입을 올릴 일을 하나 해보시겠어요? 괜찮으시다면 이삼십 분 정도 만나 뵙고 설명을 드리고 싶습니다."

② **질문에 대처하는 방법**

⑴ **상대방이 주저하거나 좀 더 자세히 알고 싶어 할 때**

: "묻고 싶으신 게 정말 많으시겠지만, 지금 전화 드린 건 좀 더 정확한 정보를 드릴 수 있게 저와 한 번 만나보실 의향이 있으신지 여쭤보려는 거예요."(이후 다시 약속을 잡는다)

⑵ 상대방이 계속 질문하거나 머뭇거릴 경우

: "아직 어떻게 하셔야 할지 잘 모르시는 것 같은데요. 그럼 이렇게 하시죠. 다음에 다시 연락드리도록 하겠습니다." 또는 "그럼 이렇게 하시죠. 참고가 될 만한 자료가 있는데(CD, 브로셔, 책자 등) 보내드릴 테니 한번 찬찬히 보시고 나중에 제가 다시 전화 드리면 그때 뵙고 자세한 이야기하도록 하지요."

⑶ '제가 좀 바빠서요' 식의 반응이 나올 경우

: "바쁘신 걸 알아서 전화 드린 겁니다. 이 일은 개개인의 시간 여건에 맞춰서 일할 수 있는 사업이에요. 그래서 바쁘신 분들한테 딱 맞는 일이고요. 한 20분 정도만 시간 여유 있으시면 한번 뵙고 구체적으로 통계와 수치들을 보여드리고 자세히 설명드릴 수 있겠는데요."

③ SNS 적극 활용하기

이 사업의 기본은 많은 사람을 만나는 것이다. 그래서 인맥의 사업이라고도 한다. 그럼에도 이 사업에서 가장 큰 어려움을 겪는 것이 사람과의 대면이라는 것이 이 사업을 하는 이들의 통설이다. 하지만 찾고 노력하는 사람에게는 반드시 길이 보인다. 즉 어렵더라도 인맥을 쌓기 위해 할 수 있는 모든 노력을 경주하는 것이 중요하다.

이른바 SNS의 시대다. 카카오톡, 페이스북, 라인 등 다양한 소셜 네트워크는 네트워크비즈니스에도 강력한 영향을 미치고 있으며, 예전에는 오프라인 위주였던 인맥들이 사이버 공간 안에서 이루어지고 있다. 이른바 인맥 쌓기의 신흥 풍속도가 펼쳐지고 있는 것이다.

이런 소셜 네트워크 공간을 적절히 이용하면 더 많은 사람들을 접촉하고 내가 원하는 논지를 효율적으로 전달할 수 있을뿐더러, 평소에 친밀감을 주고받으면서 인간적 신뢰를 쌓아갈 수 있다.

다만 이런 네트워크 구축에서는 한 가지를 명심해야 한다. 많이 받기보다는 많이 주어야 한다는 점이다. 네트워크비즈니스는 욕심을 버려야 가능한 원원의 사업이다. 흔히 하는 오해 중에 하나는 사람들이 돈을 보고 무작정 사업에 뛰어든다는 생각이다. 하지만 이는 편견이다. 어떤 사업이건 '가치'가 있어야 사람들의 주목을 받는 만큼 이 사업의 가치, 나만의 가치를 다양한 소셜 네트워크 안에 담아내면 진심으로 사람들의 마음을 두드릴 수 있을 것이다.

2

명단 분석하기

① 명단 작성은 사업 시작 후 가장 1순위로 해야 한다

어떤 사업은 건물이 자산이고, 어떤 사업은 토지가 자신이다. 네트워크마케팅은 '사람'이 가장 중요한 사업 자산이다. 네트워크마케팅을 '피플 비즈니스'라고 부르는 것도 그 때문이다. 사업을 시작했다면 가장 먼저 해야 할 일은 스폰서와 함께 내가 아는 모든 사람들의 명단을 작성하는 일이다. 이 작업은 최소 1시간 이상 신중하게 진행해야 하는데, 이 명단이야말로 사업의 기초이기 때문이다.

만일 처음 하는 일이라 어렵다면 스폰서의 도움으로 30~50명 정도의 명단을 작성해보자. 이때 주의할 점은 꼭 이 사업을 할 것 같은 사람만 적는 것이 아니라, 알고 있는 모든 사람을 기록해야 한다는 것이다.

많은 네트워크 사업자들이 명단 작성의 중요성을 모른 채 이 부분을 소홀히 여기는데, 명단 작성이야말로 이 사업의 핵심임을 반드시 기억해야 한다.

● 명단 작성 시 주의점

▶ 명단은 반드시 종이에 작성한다. 머릿속에만 넣어놓는 이름은 현실적으로 느껴지지 않기 쉽다. 따라서 반드시 종이 위해 써야 한다.

▶ 이름을 적어 넣을 때 상대를 선입견으로 판단해서 빼거나 지워서는 안 된다. 이 사람은 바쁘니까, 이 사람은 학력이 짧으니까, 이 사람은 무뚝뚝하니까 등의 임의적 판단으로 소중한 파트너를 만날 기회를 잃어서는 안 된다.

▶ 내가 아는 모든 사람의 명단을 적는다. 상황은 늘 변하게 마련이다. 오늘 관심이 없던 사람이 내일 이 사업에 관심을 가질 수 있다. 따라서 항상 준비하듯이 명단을 작성하라.

▶ 늘 새 이름을 추가한다. 인간관계는 시간이 갈수록 쌓이는 것이다. 새 관계가 생기면 반드시 추가한다.

② 왜 명단을 종이 위에 작성해야 하는가?

사업자들이 명단을 종이 위에 적지 않는 것은 쑥스럽거나 번거롭다는 등의 이유 때문이다.

하지만 명단은 이 사업의 가장 기본적인 자산인 만큼 반드시 종이 위에 작성해서 소지해야 한다. 그렇다면 왜 명단을 반드시 종이 위에 작성해야 할까?

첫째, 아는 사람을 일목요연하게 정리해 사업을 진행할 수 있기 때문이다. 또한 아는 사람을 누락시킬 위험에서도 벗어날 수 있다.

둘째, 사업계획을 설명했는지 안 했는지, 그 결과가 어떠했는지 구분해 기록할 수 있기 때문이다. 물론 이는 후속조치 때 오고간 말들을 기록하는 데도 쓰인다. 이렇게 축적된 내용은 차후 다시 한 번 시도할 때 중요한 자료가 된다.

셋째, 명단을 작성해두면 차후 사업에서 성공가도에 들어설 때 다시 한 번 이들에게 사업기회를 제시할 수 있다. 비즈니스 상황은 늘 변하는 만큼 예비 사업자들을 확보해두는 것이 중요하다. 일단 관계를 맺고 나면 비단 사업 때문이 아니라도 간혹 전화를 걸거나 문자메시지를 보내는 등의 방법으로 인간적 관계를 유지하는 것이 좋다. 성공자들의 경험에 의하면 처음에는 거부하던 사람도 정기적인 연락을 취하면, 그 3분의 1은 나중에 나의 파트너가 될 확률이 높다.

넷째, 세미나, 사업설명회 등에 참여할 때 수중에 명단이 있으면 같은 모임에 참가한 예비 사업자들에게 직접적으로 전화를 걸거나 연락을 취해 따로 약속을 할 수 있게 된다. 흔히 예비 사업자들은 세미나에서는 열의를 보이다가도 집에 돌아와 며칠이 지나면 시들해지는데, 이때 곧바로 연락을 취하면 약속 기회를 잡을 수 있다.

③ 가능한 한 많은 이름을 올려야 하는 이유

명단을 작성할 때는 최소한 이들 모두에게 한 번씩은 사업계획을 말하겠다는 포부를 가질 필요가 있다. 그렇다면 명단 작성 시에는 몇 명이 적당할까? 이 사업에서 성공한 이들은 대부분 75명 내외의 예비 사업자 명단을 만든 뒤, 6~12개월 이내에 이들과 사업계획을 나누라고 조언한다. 이렇게 사업

을 설명하다보면 반드시 최소 3명의 '그룹 리더'를 발견하게
되는데, 이들의 성공은 곧 그의 성공이 된다.

물론 처음부터 75명은 어려울 수도 있다. 따라서 현실적으
로는 30~35명의 명단을 만들어 계속 추가해가는 것이 좋다.
그렇다면 왜 75명일까? 이는 일종의 보험과 같다.

명단의 전부가 5명뿐일 때, 이들 모두에게 거절을 당하면
좌절하게 되지만, 75명의 명단을 가졌다면 5명에게 거절을
당해도 70명이 남아있게 된다. 따라서 명단을 작성할 때는 가
능한 한 폭넓게 작성하는 것이 좋다. 명단 작성 리스트 포맷
은 다음과 같다.

구분	이름	전화번호	주 소	접근	모임	후속조치	가능성(ABC)
1							
2							
3							
4							
5							
6							
7							
8							
9							
10							

④ 명단에 적은 사람에게 최소 1회 이상 사업설명을 한다

명단을 작성하는 목적은 이들에게 모임 약속을 끌어내고 사업계획을 설명하며 후속조치를 통해 최종적으로 파트너로 만들기 위해서이다. 만일 후속조치까지 진행했음에도 전혀 사업에 마음이 없다면 그에게 C를 부여하고 일시적으로 그의 이름을 명단에서 제외시키는 식이다. 이때 그가 했던 말을 기록해두면 좋은데, 특히 이 사업을 하고 싶지 않은 이유에 대한 언급을 잘 정리해두면 이후 다시 접촉했을 때 큰 도움이 된다.

물론 너무 가까운 사람이라서 관계에 금이 갈까 봐, 나의 수입을 위해 다른 사람을 이용한다는 생각이 들어서 접근하기 어려운 경우도 있다. 그러나 네트워크마케팅은 타인의 성공을 도움으로써 나의 성공을 이끌어내는 비즈니스다. 즉 사람을 이용하는 사업이 아닌, 기회를 제공하는 사업임을 인지해야 한다.

만일 여러분이 진정 아끼는 사람이라면 누구보다도 먼저 만나 사업 기회를 전해주자. 간혹 '아무리 열심히 일해도 업라인만 돈을 번다' 고 생각하는 이들이 있는데, 이는 분명히 오해이다. 네트워크마케팅은 아무리 업라인도 노력하지 않으면 수입을 얻을 수 없다. 그저 먼저 시작했다는 이유로 돈을 번다면 그 사업은 분명 악덕 피라미드 사업일 것이다. 네트워크마케팅은 오랜 시간 동안 수십, 수백 만 명에게 성공의 기회에 꿈을 제공해왔다. 여러분의 주변에도 그 꿈과 희망을 필요로 하는 사람들이 반드시 있을 것이다. 그들에게 다가가는 것이 바로 사업자인 여러분이 해야 할 일이다.

⑤ 항상 새로운 이름을 명단에 추가한다

명단은 한 번 작성으로 끝나는 것이 아니다. 새로운 인간관계를 만들어 계속해서 추가해나가야 한다.

그렇다고 낯선 사람을 붙잡고 사정하라는 것이 아니다. 그저 마음과 귀를 열고 주변을 둘러보면 '부수입이 필요한 사람', '지금 직장에 불만이 있는 사람', '자기 사업을 하고 싶어 하는 사람', '시간에 구애 받지 않고 자유롭게 일하고 싶어 하는 사람' 등을 찾아낼 수 있을 것이다. 바로 이런 사람들을 명단에 올려야 한다.

더 나은 생활을 꿈꾸고 미래 비전을 보는 이들에게 새로운 사업 기회를 전달할 기회를 항상 찾는 것이다. 이렇게 명단을 추가하며 네트워크를 넓히면, 여러분의 다운라인도 여러분의 모습을 복제해 같은 모습으로 일하게 될 것이다.

⑥ 미리 짐작해 명단을 작성하지 않아야 한다

'시간이 없어서', '믿음이 없어서', '나이가 많아서' 등등 어떤 사람이건 네트워크마케팅을 하고 싶지 않은 이유를 한두 가지는 가질 수 있다. 그런 이들을 명단에서 제외하고 싶은가? 그렇다면 여러분 자신을 되돌아볼 필요가 있다. 나는 이 사업을 선택하기 전에 어떤 변명과 이유를 가지고 있었는가? 그럼에도 왜 이 사업을 하고 있는가?

다른 사람도 마찬가지이다. 실제로 부딪쳐 대화해보기 전에는 알 수 없다. 성공한 이들의 경험에 의하면, 기대했던 사람일수록 오히려 파트너가 되기 어렵다고 말한다. 반면 전혀 기대하지 않았던 사람이 파트너가 되어 윈윈하는 경우도 많다고 한다. 처음에는 네트워크마케팅에 관심이 없었다가 오히려 사업자가 되어 성공한다는 것이다. 따라서 단지 겉모습이나 선입견으로 판단하지 말아야 한다.

명단에 있는 이들에게 사업 계획을 전할 때도 마찬가지이다. 가능한 한 많은 이들에게 사업 기회를 알려주되, 선택에 대한 판단은 어디까지나 상대방에게 맡기면 된다. 결코 앞서서 좌절하거나 주눅 들지 말자.

⑦ 그룹의 리더를 찾아라

언뜻 역량이 떨어져 보인다 해도 그 사람을 포기해서는 안 된다. 그 사람에게도 나름의 인맥이 있고, 그를 통해 또 다른 사람을 알게 될 수 있다. 만일 큰 네트워크를 형성하고 싶다면 중심이 되는 인물을 찾아서 그가 또한 스스로 자신의 그룹을 결성할 수 있도록 적극적으로 도와야 한다. 그렇게 형성된 그룹 리더는 또 다른 리더를 키워내고, 결과적으로 네트워크가 무한대로 확장되게 된다.

⑧ 명단 작성 시 도움이 되는 질문들

명단을 작성하려고 한다면, 다음의 질문에 의거해서 주변 사람들을 바라보도록 하자.

- 꿈과 야망을 지닌 사람은 누구인가?

- 추가 수입을 올리고 싶어 하는 사람은 누구인가?

- 더 나은 직장을 원하는 사람은 누구인가?

- 자녀와 더 많은 시간을 보내고 싶어 하는 사람은 누구인가?

- 자신의 능력에 비해 그 보상이 턱없이 부족하다고 여기는 사람은 누구인가?

- 지금 하고 있는 일에 만족하지 못하는 사람은 누구인가?

- 성취한 만큼 인정 받고 싶어 하는 사람은 누구인가?

- 책임감이 강한 사람은 누구인가?

- 은퇴 이후를 걱정하는 사람은 누구인가?

- 낮은 봉급 인상률에 불만인 사람은 누구인가?

- 더 많은 저축을 원하는 사람은 누구인가?

- 실업 상태에 놓인 사람은 누구인가?

- 경제적 안정을 절실히 원하는 사람은 누구인가?

• 자영업을 위해 종일 매달리는 사람은 누구인가?

• 시간에 얽매이지 않는 사업을 찾는 사람은 누구인가?

• 적은 자본으로 자기 사업을 꿈꾸는 사람은 누구인가?

• 자유롭게 원하는 시간에 일하고 싶어 하는 사람은 누구인가?

• 일은 하고 싶은데 아이 때문에 걱정하는 사람은 누구인가?

• 대인관계가 폭넓은 사람은 누구인가?

3

초청하기

대부분의 사업자들이 초대를 무서워한다. 하지만 이것은 누구도 대신해줄 수 없다. 접촉하고자 하는 사람들이 바로 당신의 인맥이기 때문이다. 혹자는 네트워크비즈니스의 최대 난관으로 다음 세 가지를 꼽는다. 확신의 결여, 다른 사람들이 나를 어떻게 생각할까에 대한 우려, 그리고 실패에 대한 두려움.

지금부터 이 두려움을 극복하고 성공적으로 마칠 수 있는 만남과 초대의 방법을 알아보자.

● 만남과 초대는 사업의 핵심이다

접촉과 초대는 사업의 성패를 좌우한다고 해도 과언이 아니다. 접촉과 초대 시의 분위기에 따라 상대가 사업을 받아들이거나 그렇지 않거나가 결정된다. 대다수의 네트워크 비즈니스 경험자들은 이런 말을 한다.

사업 설명회를 듣기 전에는 왠지 편견이 강했는데, 바로 초대 방식이 올바르지 못한 것이 가장 큰 이유였다고 한다. 만일 초대 방식이 세련되고 좋았다면 더 많은 사람들이 사업에 뛰어들었을지도 모를 일이다.

따라서 지금부터 만남과 초대에 경험이 많은 사람들을 통해 그들이 얼마나 멋지게 접촉과 초대를 하고 있는지 그 진수를 배우도록 하자. 원칙을 지나치게 강조하기보다는 어떻게 융통성 있게 말할 것인가를 미리 준비해두는 것도 중요하다.

내 사업을 키워나가도 빨리 일으키기 위해서는, 바로 이 명단에 있는 사람, 또 이들을 만나는 순간순간이 중요하다는 것을 인식하자.

① 만남

우선 초기 접촉은 어떻게 해야 할까? 가장 효과적인 것은 전화다. 그 사람의 흥미를 유발시킬 수 있도록 노력한 뒤 직접 만날 약속을 잡는 것이다.

이때는 우선 사업 내용을 설명하는 일은 배제하고 친근감을 가져야 한다. 가족의 안부나 근황 등 가족 이야기를 묻는 것도 좋고, 골프나 낚시, 등산 등 취미생활, 이어서 경제사정, 물가상승, 가정의 경제상황 등 돈과 관련된 것을 물어보는 게 효과적이다.

참고로 접촉과 초대를 할까 말까 망설여지는 사람이 있다면 바로 실행에 옮기도록 한다. 본인의 마음에 가능성이 있기 때문에 망설여지는 것인 만큼, 상대가 망설인다면 이야기를 계속 진행하도록 한다.

한편 이들을 초대하는 일에도 자신감을 가지자. 당신은 그들에게 훌륭한 사업 기회에 대한 정보를 알려주는 것이며 그들 역시 기회를 얻게 되는 일이 아닌가.

설사 상대가 이 사업을 거절했다고 해도 크게 실망할 이유는 없다. 어차피 이 사업은 나누기 위한 사업이고 당신은 기회를 제공했으니 그것만으로도 이 접촉은 가치 있다.

② 초대

손님이 찾아와서 이야기를 나누게 되면 무엇보다도 많이 듣는 입장이 되어야 한다. 항상 긍정적인 측면에서 질문을 던지는 것도 중요하다. 상대방의 자존심을 상하게 하면 모든 것이 도루묵이 될 수도 있기 때문이다.

따라서 기본적으로 상대방을 배려한다는 마음으로, '미소 짓고, 인사하고, 대화하고, 칭찬하는' 4단계가 적합하다. 그렇게 인상 좋은 자리를 이끌고 나면 다음 약속을 잡을 수 있도록 부드러운 분위기를 유도한다.

4

호일러 법칙 적용하기

우리는 내가 아는 것을 남에게 조리 있게 설명할 수 있다고 믿는다. 하지만 이는 결코 쉽지 않은 문제이다. 지금부터 하버드 경영대학의 호일러(Hoiler) 교수가 발견한 '호일러 법칙'을 살펴볼 것이다. 이 법칙은 네트워크 비즈니스뿐만 아니라 자신의 생각을 상대방에게 알리는 것이 중요한 모든 인간관계에 적용되는 법칙이다.

실로 이 호일러의 법칙을 잘 활용하면 대화의 성공 가능성을 80% 이상 높일 수 있다. 다음의 도표를 보자.

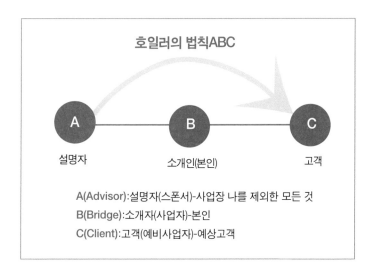

호일러의 법칙ABC

A 설명자 — **B** 소개인(본인) — **C** 고객

A(Advisor):설명자(스폰서)-사업장 나를 제외한 모든 것
B(Bridge):소개자(사업자)-본인
C(Client):고객(예비사업자)-예상고객

위의 도표는 본인인 B가 예비사업자 C를 설득하려면 스폰서 A에게 소개시키는 것이 유리하다는 점을 보여준다. 스폰서의 지원이 예비사업자를 본인의 네트워크에 포함시키는 데 중요한 역할을 한다는 의미이다. 그렇다면 그 이유는 무엇일까?

C는 B보다 A의 말을 받아들이기 쉽다

사람들은 일반적으로 자신과 동등하거나 비슷한 능력치를

가진 상대의 의견을 잘 받아들이지 않는다. 무의식적으로 자신을 상대보다 높게 평가하는 심리 때문인데, 상대의 의견을 받아들이면 자신이 그보다 못하다는 것을 인정하는 일이 된다고 생각한다.

반면 상대가 자신보다 월등하거나 신뢰할 만하다고 생각할 경우, 그의 의견을 잘 받아들이기도 한다. 특히 한 다리 건너 신뢰 있는 사람이라면 보다 객관적으로 상황을 설명해줄 것이라는 믿음을 가지기도 한다. 오히려 잘 아는 사이는 고정관념과 선입견이 작용하기 때문이다. 때문에 C는 '잘 아는 B' 보다는 '경험자이자 전문가인 A' 의 말을 받아들이기 쉬워진다.

A-B-C 시스템

A를 학원 강사, B를 학부모, C를 아이라고 치자. 왜 학부모는 굳이 비용을 지불하면서까지 아이를 학원 강사에게 보내는 것일까? 이것은 권위 있는 전문가에게 맡겨 좀 더 아이의 공부를 효율적으로 돕기 위해서이다.

이는 사업에서도 마찬가지이다. 내가 직접 이야기하는 것

보다 이 분야에서 조금이라도 나보다 많이 아는 사람을 동원
하면 상대를 설득하기 쉬워진다.

일본인들이 이 시스템을 잘 사용한다. 잘 알려져 있다시피
일본은 미국의 알래스카에서 냉장고를 팔 만큼 상술이 뛰어
나다. 그들은 그 얼음투성이 알래스카에서 '호일러 법칙'을
이용해 냉장고를 팔았다.

우리나라 사람들은 의심이 많다. 이런 이들에게 열심히만
하면 한 달에 1,000만원을 벌게 해준다고 해도 믿을 사람이
있겠는가? 이런 상황에서 자신만 똑똑하다고 혼자 뛰는 것보
다는 이 놀라운 정보를 위의 시스템에 맡겨 전달하는 편이 훨
씬 효율적이다.

한 예로 네트워크마케팅에서 A의 역할은 사업장의 업라인,
스폰서 등이다. 이들은 본인인 B와 예비사업자인 C에게 자연
스럽게 다가서서 사업의 비전과 흐름에 대해 설명하며 C가
사업에 열의를 가질 수 있도록 돕는 역할을 한다.

앞서도 설명했듯이 다운라인이 생겼을 때 자신의 업라인,
스폰서에게 반드시 소개해야 하는 이유가 여기 있다.

즉 네트워크마케팅의 네트워크 형성은 일방향으로 이루어
지는 것이 아니라 다각적으로 이루어지는 만큼 이 시스템을

기억해 활용하도록 하자.

그럼에도 B가 주도해야 하는 이유

하지만 예비사업자를 파트너로 받아들이기 위해 가장 중요한 것은 본인인 B의 태도이다. 그는 예비사업자가 사업가로 변신할 때까지 소개자로서 다양한 임무를 행해야 하기 때문이다. 따라서 예비사업자를 만나는 B는 그를 주도할 수 있는 태도를 구축해 그의 의욕을 이끌 수 있어야 한다. 또한 낯선 환경에서 주춤거리는 예비사업자도 소개자가 강하게 이끌면 안도하고 그를 따라갈 수 있게 된다. 이처럼 적극적인 주도는 다음과 같은 조건을 염두에 두면 좋다.

- 예비사업자를 만나기 전에 많은 것을 알아둔다

예비사업자를 초청하거나 그와 미팅 약속을 잡았다면 그에 대한 기본 정보를 미리 파악할 필요가 있다. 한 예로 나이와 직업은 물론 가족관계, 성격, 재정 상태 등을 알아두면 미팅을 진행하기 수월하고 상대에 맞는 대화를 이끌 수 있으며,

자칫 범할 수 있는 실수도 사전에 방지할 수 있다. 또한 이렇게 알게 된 정보를 스폰서와 공유해 스폰서가 예비사업자와 상담할 때 원활하게 진행할 수 있도록 도와야 한다.

- 강의실에 들어가기 전

사전에 강의에 대한 설명을 했다면 괜찮지만 그러지 않았다면 예비사업자에게 사업장을 소개하고 강의 청취의 필요성을 본인이 직접 또는 스폰서의 도움을 받아 정확히 전달한다. 특히 예비사업자가 강의 청취를 거부할 때는 제 3자인 스폰서가 설득하는 것이 좋다. 보통 사람들은 아는 사람의 말은 잘 안 들어도 모르는 사람들의 말은 배려하기 때문이다. 강의실로 들어갈 때 휴대폰을 끄도록 유도한 뒤 일단 강의실에 들어가면 의의로 출입할 수 없다는 점을 주위시켜 강의에 집중할 수 있는 최적의 여건을 마련해주도록 하다.

- 강의실 안에서

입실 후에는 예비사업자를 앞좌석 왼쪽에 앉게 한다. 앞자리에 앉아야 강의 내용을 잘 파악할 수 있고 불필요한 행동도 줄어들며, 강의자의 시선이 잘 오가는 강의에 집중하고 질문과 대답을 주고받기도 용이해진다. 만일 불필요한 행동이 잦거나 강의에 집중을 잃고 있다면 조용히 주의를 주어 주의력을 유도한다. 또한 예비사업자가 특히 관심을 가지는 강의 내용 부분을 잘 체크해두었다가 강의가 끝난 후 스폰서에게 미리 이야기해주어야 한다.

- 강의가 끝난 후의 상담

강의가 끝난 후에는 예비사업자를 리드해 테이블에 앉게 한 뒤 강의를 들어본 후의 느낌이나 생각을 들어본다. 그 와 중 자연스럽게 상담을 이끌 스폰서가 다가오는데, 이때 스폰서에게 예의를 갖추는 것이 중요하다. 많은 사람들이 이 부분에서 실수를 하는데, 스폰서가 들어오면 먼저 일어나 정중히 인사하고 스폰서에게 예비사업자를 소개해야 한다.

이처럼 정중한 태도를 유지해야 하는 이유는 그 과정에서 예비사업자가 스폰서의 권위를 인정해 그의 말에 귀 기울이게 되기 때문이다. 따라서 상담이 진행될 때도 함께 스폰서의 말에 귀 기울이고 예의를 갖춘다.

상담이 끝나고 나면 소개자 스스로 자신감을 가지고 예비사업자에게 확신을 심어주도록 하자. 소개자의 확신은 이 단계에서 매우 중요하다. 예비사업자는 이 순간 이것이 기회인지 아닌지 정확하기 판단하기 어렵지만, 소개자의 확신에 힘입어 용기를 낼 수 있어야 한다. 이때 예비사업자의 부담감을 우려해 대충 넘어간다면 이미 기회를 놓쳐버린 셈이다.

사람의 생각은 시시각각 변한다는 점을 기억하고 이후로도 예비사업자가 기회가 될 때마다 자신과 스폰서를 만날 수 있도록 독려해야 한다. 기억하라. 좋은 기회는 생각지도 않은 곳에 있다. 지나가는 말 한 마디에 고객의 생각이 바뀔 수 있다는 점을 최대한 활용해야 한다.

제6장

지속적인 **성장플랜, 대인관계술**

사람을 대하는 기본자세

① 장점을 찾아 칭찬하고, 단점은 덮어준다

비난은 위험한 불꽃놀이와 같다. 사람의 자존심이라는 화약고를 폭발시키기 때문이다. 영문학의 귀재 토머스 하디는 매정한 비평으로 인해 영원히 펜을 꺾어버렸고, 영국의 천재 시인 토머스 하톤은 심지어 잔인한 비평에 상처 받아 스스로 목숨을 끊었다.

반면 벤자민 프랭클린은 젊었을 때는 대인관계가 나쁘기로 유명했지만 훗날 능란한 대인관계 기술을 습득해 주불 대사로 임명되었다. 당시 그는 자신의 성공적인 대인관계 기술의 핵심을 다음과 같이 강조한 바 있다.

"남의 단점을 들춰내지 말라. 장점만 칭찬하라."

나아가 영국의 사상가 칼라일은 이렇게 말한다.

"위인은 하인을 다루는 방법에서도 그 위대함을 드러낸다."

남을 비판하거나 잔소리하는 일은 누구라도 할 수 있다. 반면 이해와 관용은 뛰어난 성품을 가진 이들만이 갖출 수 있는 미덕이다.

② 상대에게 자신감을 심어준다

사람을 움직이는 비결은 사실상 한 가지다. 상대 스스로 하고자 하는 마음을 불러일으키는 것이다. 하지만 이 사실을 아는 사람은 많지 않은 듯하다. 물론 상대를 압박하고 강요를 통해 움직이게 하는 방법도 있다. 그러나 이런 서툰 방법에는 부작용이 있게 마련이다.

중요한 것은 상대가 원하는 것을 주고 그의 마음을 움직이게 하기 위해 상대가 무엇을 원하고 있는지 살피는 일이다.

20세기의 위대한 심리학자 프로이트는 인간의 모든 행동은 두 가지 동기, 즉 성적 충동과 위대해지고자 하는 사회적 욕망에서 시작된다고 말한 바 있다. 인간의 가장 뿌리 깊은 충동은 훌륭한 인물이 되고자 하는 욕구이며, 이는 인간에게 매우 중요한 문제라는 것이다.

그렇다면 인간은 진정으로 무엇을 원하는가? 아무리 평범한 사람도 갖고 싶거나 하고 싶은 일에 대한 충동을 안고 살아간다. 아마 평범한 사람들이라면 건강과 장수, 맛있는 음식, 충분한 수면, 돈을 주고 살 수 있는 어떤 물건들, 자손의 번영 등을 바랄 것이다. 그럼에도 이 모두와 별개로 인간에게는 '자기 자신의 중요성'을 확인하고자 하는 인정 욕구가 존재한다. 어쩌면 이 욕구는 성욕, 식욕, 수면욕 만큼이나 유서 깊은 욕구이다.

칭찬은 상대의 이런 욕구를 채워주고 그에게 자신감을 북돋아주는 훌륭한 기폭제다. 특히 칭찬을 할 때는 진심을 다해, 상대에게 나보다 나은 점이 있음을 생각하고 해야 한다. 그런 칭찬은 상대의 마음에 깊이 남아 그를 성공으로 이끄는 바탕이 될 것이며, 함께 사업을 진행할 때도 서로를 독려하는 신뢰로 남게 된다.

③ 항상 상대방의 입장에서 생각한다

자기만의 것을 중시하는 사람은 철부지다. 물론 누구나 자신이 좋아하는 것을 먼저 보고 생각하게 마련이다. 하지만 자기만 좋아한다는 것은 결국 누구도 거기에 큰 흥미를 가지지 않는다는 의미이기도 하다.

낚시를 좋아했던 카네기는 이렇게 말한 바 있다.

"물고기들은 낚시를 좋아한다. 그래서 나는 내가 좋아하는 것은 미뤄놓고 고기가 좋아하는 것을 먼저 생각한다. 지렁이를 바늘에 꿰어 고기에게 내밀면서 '어서 드십시오' 말한다."

이 말은 사람을 움직이는 유일한 방법은 그 사람이 좋아하는 것을 주제로 삼아 그것을 손에 넣는 방법을 가르쳐주는 것임을 보여준다. 이와 관련해 미국의 오버스트리트 교수의 말을 기억해볼 필요가 있다.

"인간의 행동은 마음속의 욕구에서 생겨난다. 따라서 사람을 움직이는 최선의 방법은 우선 상대의 마음에 강한 욕구를 불러일으키는 것이다. 사업, 가정, 학교 혹은 정치계에서건 사람을 움직이려는 이는 이 사실을 잘 기억해둘 필요가 있다.

이것을 할 수 있는 사람은 만인의 지지를 얻는 데 성공하고, 이를 할 수 없는 사람은 한 사람의 지지자를 얻는 데도 실패할 것이다."

카네기는 매번 편지를 보내도 답장 없는 아들 둘 때문에 마음을 앓는 사촌 누이를 위해, 조카들에게 편지를 보냈다. 별 용건도 없는 내용이었다. 하지만 조카들은 곧바로 답장을 보내왔다. 이유는 다른 것이 아니었다. 그는 편지 맨 밑에 "두 사람에게 돈을 좀 보내주마."라고 썼다. 물론 그 돈은 동봉하지 않았다. 결국 그 편지 말미의 말이 두 조카에게 편지를 쓰게 만든 것이다.

④ 먼저 듣는 입장이 된다

유명한 방문기자 아이삭 마커스는 좋은 첫인상을 주는 데 실패하는 것은 대개의 경우 상대가 말하는 것을 듣지 않기 때문이라고 말한다.

"자기가 말하려는 것만 생각하느라 귀가 텅 빈 사람이 많다. 사람은 대개 이야기 잘하는 사람보다 잘 듣는 사람을 좋아하다. 그러나 듣기 좋아하는 재능은 다른 재능보다 훨씬 얻기 어려운 것이다."

상대의 이야기를 오래 듣지 않고 자기 의견만 늘어놓거나, 상대가 말하는 도중 자기 의견이 있다고 상대의 말을 끊거나 끼어드는 사람은 결국 배척당하거나 뒤에서 비웃음만 당한다. 반면 상대가 기뻐하며 대답할 수 있는 질문을 하는 사람, 상대가 자랑스럽게 생각하는 일을 이야기하도록 유도할 수 있는 사람은 반드시 리더로 성장할 수밖에 없다. 타인을 다루는 가장 효과적인 방법은 듣는 입장이 되는 것이라는 점을 기억하자.

2

신뢰를 얻는 방법

네트워크마케팅은 인간관계의 사업이다. 인간관계가 먼저고, 제품은 나중이다. 우정과 윈윈이 먼저고 성공은 그 결과에 불과하다. 즉 신뢰가 사업의 절반이다. 비단 네트워크마케팅뿐일까. 심지어 동네 식당도 처음 약속을 제대로 지키기 않으면 장사하기가 어려워진다.

나아가 이 사업은 혼자 하는 것이 아니다. 지인들의 도움도 필요하다. 특히 서로 상품을 소개하며 그룹을 만들어가는 인적 네트워크가 기반인 만큼 네트워크비즈니스에서는 무엇보다도 신뢰받을 수 있는 자세가 중요하다. 지인들에 대한 신뢰 상실은 곧바로 사업의 추락을 의미하므로, 진정성 있고 진실한 사업 관계를 쌓기 위해 노력해야 한다.

이처럼 네트워크의 주요 기둥인 신뢰를 지키기 위해서는 몇 가지 중요한 원칙에 주의할 필요가 있다.

① 약속은 반드시 지켜라

사업을 성공으로 이끄는 가장 좋은 방법은 자신과의 약속을 굳건히 지키는 것이다. 하물며 아무리 가까운 지인이라도 신뢰가 기본인 비즈니스 세상에서, 그가 나의 사업 관계라면 약속을 지켜야 한다.

특히 유의할 점은 큰 약속만 약속이라고 생각하는 것이다. 신뢰는 오히려 작은 약속들에서 쌓인다. 따라서 사소한 것이라도 약속은 반드시 지키고, 혹시 모를 불찰을 위해 약속한 부분은 아무리 작은 것이라도 따로 적어 기록하도록 한다.

또 하나, 시간 약속에 유의하자. 시간은 그 일분 일초가 우리의 인생과 직결된다. 따라서 시간 약속은 거창하게 말하면 우리 인생의 약속이라고도 할 수 있다. 누군가를 기다리게 하지 말라. 그 한 가지가 당신의 열 가지를 보여줄 수도 있다는 점을 명심하자.

② 과장된 거짓말을 하지 말라

거짓말을 하지 말라는 것은 삼척동자도 아는 사실이지만, 사업에서는 지키기 어려운 원칙 중에 하나이기도 하다. 특히 사업을 진행시에, 그 상대가 나를 신뢰하고 귀를 기울인다면 조금이라도 거짓말을 해서는 안 된다. 좋은 것이든 나쁜 것이든 솔직하게 말해야 한다.

그들은 당신과 함께 나아가는, 당신의 성공을 이끌어줄 사람들이다. 또 어려운 일이 있을 때 당신을 도와줄 사람도 이들이다. 만일 이들을 잃는다면 사업 전체를 잃는 것과 다름없는 만큼 무슨 일에서건 솔직하도록 하자.

③ 눈앞의 이익에 연연하지 말라

이 사업의 신뢰를 뒤흔드는 가장 큰 적은 눈앞의 이익이다. 네트워크 비즈니스는 장기적인 계획을 통해 성장해가는 사업인 만큼, 작은 이익에 좌지우지하는 성향은 큰 장애물이 된다. 단기 이익에 치중하다 보면 무리한 언행을 하기 쉽고, 그럴 시 약속과 신뢰를 무너뜨리는 사고가 발생할 수 있나. 이렇게 한 번 깨진 신뢰는 다시 극복하기가 어렵다. 따라서 사람을 만날 때는 이 자리에서 단번에 이익을 얻겠다는 생각을 버리고, 그와 진심으로 동행하고 싶다는 마음으로 진지하게 임해야 한다.

④ 상황을 긍정적으로 평가하라

긍정적인 사람 곁에는 사람이 모이게 마련이다. 실제로 이 사업에서 성공한 사람들의 공통점은 다들 긍정적이라는 점이다.

평소 긍정적인 생각으로 긍정적으로 말하는 습관을 되풀이하면 긍정적인 사고를 갖게 된다. 따라서 평상시에도 늘 의식적으로 긍정적인 표현을 하도록 노력해야 한다. 이를테면 컵에 주스가 반 들어 있을 때 '주스가 반 밖에 없네' 대신 '주스가 반이나 남았네' 말할 수 있어야 한다. 또한 사업을 전개하다가 만나는 장애물도 되는 일이 없다고 푸념하기보다는 '이 시련도 내가 성장하기 위한 관문이다' 라고 긍정적으로 받아들여야 한다. 이처럼 만사를 긍정적으로 받아들일 수 있게 되면 이 사업에서 성공으로 한 걸음 더 다가가게 된다.

⑤ 미리 상대방을 판단하지 않는다

첫인상이나 외모, 차림새를 보고 상대방을 판단해서는 안 된다. 사람을 겉모습으로 다 알 수 없는 것처럼 네트워크마케팅에서는 의외의 상황들이 늘 벌어진다.

학력도 높고 인맥도 넓어 보이는 사람이 사업에서 어려움을 겪는가 하면, 절대 성공하지 못할 것처럼 보이는 사람이 대성공을 거두기도 한다. 따라서 사람에 대한 편견을 버리고 모두가 예비사업자라는 생각으로 진심으로 대해야 한다.

성공 비즈니스를 위한 행동 요령

● 시스템 실행 원칙 1 : 시스템을 신뢰하라

사업은 기본적으로 시스템 경쟁력이 중요하다. 시스템이 탄탄해야 안정성과 지속성을 확보할 수 있다. 나아가 시대마다 각광받는 시스템은 그 만한 이유가 있다.

흔히 네트워크비즈니스 사업을 시스템의 사업이라고 부른다. 실제로 네트워크마케팅에서 시스템은 아무리 중요성을 강조해도 지나치지 않다.

네트워크비즈니스를 하기 위해서는 시스템이 내 사업을 성장시키는 기본 틀임을 굳건하게 믿어야 한다. 네트워크비즈니스의 시스템은 꿈과 열정으로 큰 사업 네트워크를 만들기 위해 발로 뛴 이들이 성공을 거듭하며 그 안에서 건져 올린 원칙과 같다.

많은 사람들이 이 시스템 안에서 성공할 수 있었던 것도 그 세부 사항들이 이미 여러 번의 경험을 통해 검증된 것들이기 때문이다. 좋은 시스템의 세 가지 조건은 다음과 같다.

첫째, 실제로 사업을 전개하는 데 사용할 수 있어야 한다.

둘째, 그 시스템을 사용하는 데 있어서 부작용이 없어야 한다.

셋째, 누구나 쉽게 모방할 수 있어야 한다.

모든 일에는 첫 단추를 끼우는 일이 가장 중요하다. 네트워크 사업도 마찬가지이다. 처음 시작할 때 시행착오를 줄이면서, 시스템을 따라 네트워크를 만드는 것이 성공의 지름길이다.

실로 이 사업에서 성공한 사람들은 열이면 열 '시스템을 충실히 따랐다'고 말한다. 자신의 능력과 노력도 중요하지만, 시스템이 있었기에 성공할 수 있었다는 것이다. 물론 이것이 항상 말처럼 쉽지 않을 수 있다. 사실상 많은 사람들이 네트워크 사업에 대해 무지하거나 잘못 앎으로써 시스템에 대한 신뢰를 잃고 무너진다.

어떤 일은 다른 사람의 힘으로도 성공을 얻을 수 있지만, 경제적인 자유는 오직 내 의지에 의해서만 얻어진다. 지금 많은 성공한 사업자들이 이 경제적인 자유를 위해 충실히 시스템을 따르고 있다. 여러분도 시스템이 바로 사업의 성공 툴(tool)임을 기억해야 한다.

● 시스템 실행 원칙 2 : 팀워크를 유지하라

네트워크비즈니스는 사람을 변화시키고 휴먼 네트워크를 만드는 일인 만큼 협력하여 비즈니스 능력을 신장시키고, 문제가 생겼을 때 서로를 도와야 한다.

따라서 고민을 나누고 더 나은 활로를 찾기 위해 스폰서와 함께 분석 점검하고, 사업진행 방향과 계획에 대해 전략을 짜야 한다.

특히 이 사업은 신뢰의 사업이자 약속의 사업이므로 말한 것을 실천을 통해 책임을 져야 한다.

나아가 새로운 일을 시도하거나 어떠한 상황에 부딪쳐서

당황하게 될 경우 혼자 고민하는 대신 스폰서나 업라인과 의논해보자. 이를 통해 사업적인 지식과 테크닉, 모르는 사항에 대한 해답, 사업적인 진행 상황, 사업의 미래 전망을 얻으면, 현실 가능한 목표를 세우고 자신의 상황에 맞춰 사업을 전개할 수 있다.

● 시스템 실행 원칙 3 : 복제하라

네트워크 사업의 장점 중에 하나는 성공 시스템이 복제를 거듭한다는 것이다. 경험자들이 먼저 습득한 노하우들은 그 자체로 모든 사업자들에게 도움이 된다.

이런 성공 시스템을 배울 때는 한 가지 명심할 점이 있다. 내가 배운 노하우를 파트너들과 나누겠다는 다짐이다.

• 이 사업의 성공의 핵심은 복제에 있다는 사실을 명심, 또 명심하라. 모든 사업 기술은 시스템에 의해 교육하며, 진행한다고 전제하라.

• 자신의 파트너를 가르칠 수 있도록 철저하게 배워라. 모

르는 것이 있다면 곧바로 물어보고 직접 실행하면서 오류를 줄여가야 한다.

· 직접 후원하는 모든 파트너들에게 성공의 원칙을 배우도록 하라. 네트워크비즈니스는 이를 파트너와 함께 배우고 실천하는 것에서 성공이 좌우된다.

· 책, CD, 모임, 세미나 등을 적절히 활용하라.

· 월 사업설명회(STP)를 많이 할 때 사업도 빠르게 성장한다.

· 네트워크비즈니스에서 스폰서의 도움 없이 성공하기는 매우 어렵다는 점을 기억하되, 업라인이 멀리 있어 적극적으로 후원을 받기 어렵다면 스스로 리더가 될 소질을 키워가야 한다.

● 시스템 실행 원칙 4 : 동기를 부여하라

이 사업 운영의 기본적인 방향은 사업자들에게 의욕을 불어넣어 함께 가는 것이다. 또한 이 의욕 불어넣기를 한 번 하고 끝내는 것이 아니라 지속적으로 실행해야 한다.

하지만 남을 이끈다는 것은 사실 쉽지 않은 일이다. 아무리 강한 사람도 여러 장애들로 의욕이 감퇴되고 침체기를 맞이할 수 있는데, 이때 그의 상황을 정확하게 체크하고 동기부여를 해주어야 하니 쉬울 리 없다. 의욕을 불어넣는 일에 일정한 방법이나 룰이 있는 것도 아니고 나름대로의 좋은 방법을 개발한다고 해도 그것이 모든 사람에게 똑같이 효과적인 건 아니기 때문이다.

이 시점에서 우리는 사람마다 동기 의식을 불러일으키는 요소는 각자 다르다는 점을 기억해야 한다. 의욕을 불어넣으려면 그가 무엇을 원하는지를 알아야 하며 그 부분을 자극해 그의 마음에서 의욕을 끌어내야 한다.

지금부터 우리에게 의욕을 불러일으키는 몇 가지를 살펴볼 것이다. 이 의욕의 근원들을 적절히 활용하면, 최악의 상황에서도 그것을 타개하고 일어설 수 있는 힘을 불어넣을 수 있다. 나아가 이를 타인뿐만 아니라, 나 자신에게도 적용해보자.

- 성공에 대한 본능

우리의 본능이 일으키는 욕망은 사실상 끝이 없다. 인간은 무엇인가를 애타게 원하다가도 막상 그것을 얻고 나면 그에 대한 흥미가 없어지고, 또다시 다른 욕구를 가지게 된다. 오죽하면 '욕망이라는 이름의 전차' 라는 문학작품까지 등장했겠는가. 이처럼 끝없는 본능은 때로 족쇄가 되기로 하지만 우리를 이끄는 강력한 힘이 되기도 한다.

나아가 수많은 욕망 중에서도 사회적으로 성공해 부를 이루고 싶다는 욕망은, 가장 큰 욕망 중 하나다. 지금 이 순간도 많은 사람들이 이것을 이루기 위해 달리고 있다. 좌절하거나 열정을 잃은 사람도 이 본능을 기억하고 되살리면 어려움에서 한 걸음 빠져나올 수 있다.

- 꿈을 이루고 싶다는 꿈

우리는 언제나 꿈으로 가득한 미래를 그린다. 인간은 바로 이 꿈을 이루기 위해 살아간다고 해도 과언이 아니다. 인간의 삶이 지금처럼 큰 발전을 이룩할 수 있었던 것도 미래를 그리는 꿈의 능력이 있었기 때문이다.

실로, 의미 없이 삶을 보내던 사람도 확실한 꿈을 가지고 나면 하루하루가 달라진다. 나날이 활력과 생기로 가득 차고, 고난이 다가와도 쉽게 무너지지 않는다.

그러나 꿈을 이야기할 때도 '구체적인 행동 없이는 아무것도 이룰 수 없다'는 점을 명확히 해야 한다. 결국 꿈은 그것을 완성하기 위한 모든 활동들 속에서 꽃을 피운다는 점을 차분히 설명하자.

- 높은 가능성에 대한 확신

야망은 꿈과는 다소 다르다. 꿈보다는 비보편적이지만, 그 간절한 정도는 꿈보다 크다. 우리가 흔히 '저 사람 야망이 커'라고 말할 때 그 대상의 모습을 떠올려보자. 아주 의지 강하고 결단력이 있는 사람을 상상하게 될 것이다.

꿈은 누구나 꿀 수 있다. 하지만 그것을 반드시 성취하겠다는 야망은 누구나 가진 것이 아니다. 즉 원대한 꿈에 성취하겠다는 야망이 더해지면 큰 힘이 생겨난다. 야망 자체가 높은 가능성을 열어주는 셈이다.

● 시스템 실행 원칙 4 : 꿈을 구체화하라

멋진 자동차를 타고 여행을 다니는 것, 아이들에게 마음껏 공부할 수 있도록 해주는 것, 사랑하는 사람과 걱정 없이 단란한 시간들을 보내는 것…. 이런 것들이야말로 우리가 꿈꾸는 성공적인 삶의 단상일 것이다.

우리가 계속 움직이고 나아가는 것도 언젠가는 이런 꿈들을 이룰 수 있다는 믿음 때문이다. 하지만 현실은 만만치 않다. 지금 나를 둘러싼 현실은 한참 부족하고 꿈은 점점 멀어지는 것 같다.

최근 가난을 비관해 목숨을 끊는 이들이 많아지고 있는데, 그들을 그토록 절망하게 했던 것은 과연 가난하다는 사실뿐이었을까? 그것만은 아니었을 것이다. 그들을 죽게 한 것은 바로 꿈을 잃어버렸다는 절망이었을 것이다.

꿈이란 우리를 살게 하는 에너지다. 이 사업을 통해 무엇을 얻고자 하는지 깊이 생각해봐야 한다. 나아가 이제는 돈을 벌겠다는 꿈 역시 가치 있는 것임을 인정하자. 더 좋은 인생, 더불어 풍요로운 삶을 위한 '좋은 돈'을 꿈꾼다면, 그 꿈도 가장 아름다운 꿈이 될 수 있다.

다만 꿈은 자칫 몽상으로 끝나기도 쉬우므로 계획도 잘 짜야 한다. 구체적으로 하나 하나 되짚고 현실 가능성을 타진하면서 목표와 계획을 만들어 나아가면 그 꿈을 이루는 성공의 날도 한결 가까워질 것이다.

● 시스템 실행 원칙 5 : 긍정하고 열정을 가지라

네트워크마케팅에 대해 설명하면 대부분의 사람들은 이 사업의 가능성에 무척 흥분하면서도 '뭔가 함정이 있지 않나' 의심과 두려움을 보인다. 물론 사업을 시작하는 일은 여러 위험부담이 있는 만큼 복합적인 감정이 들 수 있다. 그러나 이런 불안한 마음도 막상 사업을 진행하면 얼마든지 열정과 긍정으로 바뀔 수 있다는 점을 잊지 말아야 한다.

흔히 인간을 '자신의 미래를 그리는 존재'라고 말한다. 마음에 깃든 의심과 두려움을 거둬내고 그곳을 밝은 긍정과 열정으로 채울 수 있다면 성공 가능성을 높이는 것과 다름없다. 다음의 지침들을 읽고 스스로를 동기 부여해보자.

- 열정은 어떻게 자라나는가?

이 사업은 초반에 어떤 마음가짐으로 시작하는가가 결말을 좌지우지한다. 지금 하고 있는 일이 즐거울 때, 하고 있는 일을 확신할 때, 반드시 성공하겠다, 성공할 수 있다는 강렬한 믿음을 가지면 열정도 자연스럽게 자라난다. 혹자는 다음과 같이 말한다.

"믿음이란 아침에 태양이 다시 떠오르리란 것을 아는 것이다. 성경에 말하기를 믿음이란 소망의 근본이요, 보이지 않는 것의 증거라고 했다. 믿음은 지금 당신이 어떠냐가 아니라, 나중에 당신이 어떻게 될 것인가를 말하는 것이다. 나중에 어떻게 될지를 안다면, 지금 어떠냐 하는 것은 아무런 문제가 되지 않는다. 결국, 믿음이란 현재의 당신보다 더 훌륭한 당신을 말하는 것이다."

내일의 나는 어떤 모습일지를 그려보자. 오늘보다 훌륭한 내 모습을 그려볼 수 있다면, 나도 모르게 어제보다 훨씬 훌륭한 자세로 임하게 될 것이다. 물론 처음부터 열정과 긍정으로 무장하기는 쉽지 않다. 확신과 긍정적인 사고방식은 노력을 통해 길러지는 만큼 다양한 방식을 활용해 스스로를 북돋아줄 필요가 있다.

- 부정적인 것을 멀리하라

성경 기록에 삼손이 당나귀 턱뼈로 블레셋 사람 수 천 명을 죽였다는 이야기가 나온다. 당나귀는 영어로 'Ass' 라고 하는데, 이 단어에는 '어리석은 사람' 이라는 뜻도 있다. 즉 삼손의 어리석음이 수천 명을 죽음에 이르게 했다는 이야기다.

사업을 확신 있게 꾸려나가려면 "그래봤자 부자는 못 될 거야." 라는 당나귀들의 말에 귀를 기울여서는 안 된다. 꿈을 잃고 희망 없이 살아가는 사람의 부정적인 말을 멀리 하되, 오히려 그들에게 꿈과 희망을 안겨줄 수 있도록 노력해야 한다.

이것을 혼자 하기 어렵다면 도움이 될 만한 다양한 책들을 읽고, 성공한 사람들의 경험담을 담은 테이프 같은 도구도 큰 도움이 될 수 있다. 나아가 성공한 사람들이 모이는 미팅에 열심히 참가하는 것도 중요하다. 이것들을 활용하다 보면 성공한 사람들이 자신들의 긍정적인 사고방식을 어떻게 키워나갔는지를 배울 수 있다.

특히 다양한 사람들이 모이는 미팅 자리는 긍정적인 마음을 북돋아주는 최고의 장소이다. 이런 장소에서는 수많은 성공 사례들을 듣게 된다. 말을 잘 못하는 사람, 나이 많은 사람, 순진하기만 한 사람, 배움이 짧은 사람, 시간이 너무 바빴던 사람 등 도저히 이 일을 해낼 것 같지 않은 사람들도 성공하는 걸 보면서 '나도 할 수 있다'는 확신을 갖게 된다.

- 끝까지 한다는 다짐으로 역경을 넘어라

세상에는 성공한 사람보다 실패한 사람이 훨씬 많다. 도저히 넘을 수 없는 벽을 만났을 때, 그래서 이제는 그만둬야지 하는 생각이 들 때면 반드시 한 가지를 기억하자. 실패자는 결국 이 갈림길에서 뒤돌아선 사람이며, 성공한 사람은 이 역경을 딛고 앞으로 전진해간 사람이라는 점이다. 즉 사업의 시스템을 믿고, "나도 할 수 있다"는 사실을 믿어야 성공이 보인다.

바다의 제왕 바이킹을 만든 것은 결국 높은 파도와 척박한 환경이다. 살아있는 물고기는 물을 거슬러 올라가지만 죽은 물고기는 물살에 몸을 맡기고 물결이 흐르는 대로 떠내려간다. 부정적인 사고를 갖는 사람들은 "할 수 있어 보이지만 어려워!"라고 말하는 반면, 긍정적인 사고를 가진 사람이라면 "좀 어렵긴 하지만 할 수 있어!"라고 말할 수 있어야 한다.

● 시스템 실행 원칙 6 : 많이 만나고, 많이 대화하라

인간은 사회 속에서 함께 살아간다. 가족과 친구부터 사업적으로 만나는 모든 사람들이 나의 자산이다. 이들은 우리가 어려울 때 힘이 되어주고, 내 사업이 뻗어나갈 수 있도록 도움을 준다. '인맥이 힘'이라는 말은 괜히 나온 것이 아니다.

그럼에도 대부분의 사업자들이 사람을 만나 사업을 설명하는 일을 두려워한다. 실수할까 두려워하고, 외면 받을까 두려워한다. 하지만 사람을 접촉해야 인맥이 생기며, 이것은 누구도 대신해줄 수 없는 부분이다.

네트워크비즈니스에서 사람을 만나 사업을 설명하는 일은 꿈과 소망을 위한 가장 구체적인 단계다. 그들에게 내가 가진 희망을 나누어주고 그 꿈에 동참시키는 일이기 때문이다. 아무리 원대한 목표와 꿈을 세워도 그것을 내보일 자리가 없다면 아무 소용이 없다. 기회를 찾았다면, 그에 대한 정보를 수

집하고 이것을 사람들과 나누어야 한다. 사업도 결국은 사람을 대상으로 하는 일이기 때문이다.

나아가 사람을 만나는 방식 또한 고민해볼 필요가 있다. 전화를 할 것인가, 약속을 잡을 것인가, 아니면 초대를 할 것인가. 이 모든 일에 앞서 준비해야 할 것은 진실하고 열정적인 자세, 그리고 용기다.

만일 누군가에게 거절을 당하거나 약속장소에 나타나지 않았다고 좌절할 필요는 없다. 처음부터 사람 만나는 일에 백 퍼센트 성공하는 사람은 없다. 설사 거절을 당했더라도 이것을 성공으로 가는 통과의례라고 생각하라.

21세기를 바라보는 미래 경제학자들

① **앨빈 토플러** : 프로슈머 경제가 폭발적으로 증가함에 따라 새로운 백만 장자들이 수두룩하게 나타날 것이다. 물론 주식시장, 투자자, 방송매체가 프로슈머 경제의 중요성을 인식하기 전까지는 알아차리지 못할 것이다. 선진제조방식, 틈새마케팅, 고도로 숙련된 지식 노동자를 보유하고 있는 일본, 한국, 인도, 중국과 미국이 첫 번째 수혜국이 될 것이다. - 〈부의 미래〉 중에서

② **잭 웰치** : "열정, 동기부여 능력, 집중과 결단, 실행력"을 성공자의 필수 덕목으로 성공한 사람으로부터 성공의 시스템을 배우는 것이 미래를 성공자로 살아가는 데 중요한 덕목이다. 또한 철저한 사람중심의 경영으로 안정적인 조직을 구축하는 것 역시 중요하다.

4

성공하는 리더로 나아가는 방법

① 커뮤니케이션이 곧 성공이다

말은 큰 힘을 가진다. 하지만 '말의 중요성' 을 진정으로 아는 사람은 많지 않다. 양날의 칼처럼 말은 누군가에게 상처가 되기도 하고 힘이 되기도 한다. 당신의 입장에서만 생각해봐도 알 것이다. 행복하고 따뜻한 말을 들으면 힘이 솟고, 비난에 가득 찬 말을 들으면 절망스럽지 않던가. 많은 사람과 성공으로 가려면 이 말의 힘을 적절히 이용하되, 상처를 주는 말은 삼가자.

나아가 인간과 인간 사이의 커뮤니케이션에도 법칙이 존재한다. 특히 네트워크비즈니스의 커뮤니케이션은 함께 돕고 함께 걷는 협력과 공동의 자세를 견지해야 하는데, 다음 같은 원칙을 지키면 원활한 커뮤니케이션을 할 수 있다.

- 주제를 한정짓지 말고 서로의 공통적인 관심 사항,

  즉 가족, 직업, 취미, 돈 등을 풍부하게 이야기한다.

- 상대방에게 편안함을 안겨준다.

- 이야기는 부드러우면서도 자신 있게 진행한다.

- 편견에 사로잡히지 않도록 마음을 연다.

- 예의와 겸손한 자세를 보인다.

- 말하기보다는 많이 들어준다.

- 긍정적이고 협조적인 태도를 유지한다.

- 다른 사람에 대한 지속적인 관심을 보인다.

- 격려와 칭찬을 아끼지 않는다.

- 대화를 할 때에는 상대에게 집중한다.

- 결론을 정확히 전달해준다.

- 단정적인 표현을 피하자.

- 어떤 상황에서도 거짓을 말하지 않는다.

② 원활한 대화 능력을 키우고 장점을 칭찬하자

네트워크비즈니스는 여럿이 함께하는 사업이다. 따라서 원활한 대화를 누구와도 진행할 수 있어야 한다.

또 한 가지, 이 사업은 많은 사람을 만나는 만큼 누군가에 대한 험담이나 불평은 일절 하지 않아야 한다. 타인의 단점을 찾으려 하지 말고, 오히려 그 사람의 장점을 찾아내 그것을 칭찬해 그 장점을 더욱더 키워주어야 한다. 남의 험담을 하며 발목을 잡는 사람은 그것이 돌고 돌아 결국 자기 발목을 잡게 된다는 점을 명심하자.

리더십을 복제

스스로 동기를 부여할 수 있다면 그보다 좋은 건 없다. 그러나 그것이 어렵다면 다른 것들의 도움을 받아보자. 이 동기부여는 굉장히 중요한 단계다. 동기부여에서 리더십과 파워가 자라나기 때문이다. 또한 이를 다운라인 사업자들에게 전하면, 그들에게도 리더십이 자라난다. 적절한 동기부여가 리더십을 복제하는 좋은 도구가 되는 것이다.

동기부여도 한 가지만 있는 게 아니다. 종류도 다양하고 거기에 대한 반응도 다양하다. 중요한 것은 이 모두를 적재적소에 사용하는 것이다. 그 각각의 특징을 알아보자.

● 금전

금전적인 보상은 가장 쉽고도 큰 힘을 발휘하는 동기부여다. 하지만 이것이 상대를 보상에 의타적으로 만들 수 있으므로 너무 꾸준히 사용하지 않는다.

● 격려나 칭찬

격려나 칭찬은 부담이 없는, 가장 좋은 동기부여이다. 상대의 장점을 찾아내 칭찬하고 인정해 주자. 하지만 이것도 지나치게 되면, 상대가 이에 무디어져 효과가 떨어진다. 칭찬을 할 때는 늘 마음에서 우러나오도록 하자.

● 확신

동기는 부여하는 것도 중요하지만, 부여하는 방법도 중요하다. 누군가에게 동기를 부여할 때는 내 기준에 맞추는 대신, 상대가 스스로 그것을 해낼 수 있도록 중간 다리가 되어준다는 생각을 간직하자. 즉 상대가 무엇을 통하면 힘을 얻을 수 있는지를 분석해서 활용하자.

● 의욕

상대에게 동기가 유발되었다면 그 의욕을 키워보자. 그렇다면 어떤 방법이 가장 효율적일까?

대답은 간단하다. 자극을 주면 된다. 하지만 여기서도 상대의 꿈과 환경을 잘 알아야 한다. 예를 들어 하루 하루 먹고살기도 힘든 사람에게, 허망한 꿈은 아무 도움이 되지 못한다. 각자의 꿈에 맞춰 적절한 동기를 불러일으키자.

동기부여를 위한 올바른 대화 진행

• 마음을 열고 상대방의 욕망, 꿈, 야망에 귀를 기울여라. 이때는 모든 걸 단정 짓지 않고 충분히 가능성을 열어두어 상대를 편하게 만들어주어야 한다.

• 대화를 통해 파악한 것들을 통해 상대방이 스스로 현실적인 목표를 세울 수 있도록 도와주어라.

• 상대가 스스로 성장할 수 있도록 좋은 조언자가 되어야

한다. 정기적으로 만나 어려울 때는 언제나 도움이 되어줄 수 있음을 보여주자.

• 상대방을 가로막는 장애물들을 지적해주고 발전할 수 있는 여건을 조성해 준다. 또 상대방이 한 걸음씩 나아갈 수 있도록 작은 성공들을 유도하고 칭찬해주자.

• 늘 격려와 칭찬을 아끼지 말자. 사람은 누구나 인정을 받으면 더 큰 힘을 발휘한다.

6

팀워크로 승부하는 리더십

네트워크마케팅은 팀워크 사업임을 앞에서도 여러 번 강조한 바 있다. 스폰서나 업라인이 하고 있는 사업방식을 모방하여 사업을 진행하는 것이 주요 골자이기 때문이다.

이들은 풍부한 경험을 통해 특정한 방법이 다른 어떤 방법보다 낫다는 것을 이미 안다. 이때 여러분이 이 시스템을 무시하고 개인 노선을 따른다면 신뢰를 잃기 쉽다.

또한 네트워크비즈니스는 서로 간에 조언 및 충고를 적극적으로 받아들이는 것이 중요하다. 내가 배운 것을 아래 사업자들에게도 가르치고 모르는 것이 있으면 윗 라인에게 도움을 받아야 한다. 네트워크비즈니스야 말로 홀로 할 수 없는 그야말로 팀워크 사업의 결정체다.

새로운 일을 시도하거나 어떠한 상황에 부딪쳐서 당황하게 될 경우 혼자 고민하는 대신 스폰서나 업라인과 의논하면 사업적인 지식과 테크닉, 모르는 사항에 대한 해답, 사업적인 진행 상황, 사업의 미래 전망을 얻을 수 있다.

그러나 스폰서나 업라인이 무조건 당신의 고민을 들어줘야 하는 건 아니라는 점을 기억해야 한다. 따라서 카운슬링을 받기 전에 이 두 가지 기본 원칙은 반드시 지키도록 한다.

첫째, 카운슬링을 이끌어가는 사람은 바로 나임을 잊지 않는다.
둘째, 진지하고 열정적인 모습을 보여준다.

어느 분야든 자신의 힘만으로 정상에 오르는 것은 거의 불가능에 가깝다. 이것은 네트워크마케팅도 마찬가지이다. 따라서 이미 당신이 걸었던 길을 걸었고 거기서 성공한 스폰서나 업라인은 당신을 성공으로 이끄는 동아줄의 역할을 한다.

그리고 이 같은 카운슬링이 잘 이루어지면 다운라인에도 큰 힘을 줄 수 있다. 노하우도 풍부해지고, 더불어 당신도 좋은 스폰서가 되어줄 수 있기 때문이다. 따라서 이 사업에서 성공하고 싶다면 정기적으로 상담을 받는 데 주력해야 한다.

제7장

나만의 **최고 성공 전략**은
여기에 있다

1

돈에 끌려 다니지 말고 돈이 따라오게 하라

역설적이지만, 돈을 벌려면 오히려 돈과 멀어지라는 말이 있다. 물론 자본주의 사회는 돈이 절박할 수밖에 없는 사회다. 그러나 돌이켜 보면 돈에 절박한 심정을 갖게 되는 때는, 그 돈을 급하게, 또는 무리하게 벌려고 할 때인 경우가 많다. 불황일수록 더 벌어야 한다는 생각, 좀 더 힘들지 않게 돈을 벌고 싶다는 생각이 예기치 않은 유혹의 그물에 우리를 빠뜨리는 것이다. 그럼에도 아직 일확천금이 그리운가?

그렇다면 좀 더 현실적으로 생각해 보자. 물론 이 세상에는 노력하지 않고 돈을 버는 사람도 있다. 그렇다면 그런 사람이 주변에 몇이나 되겠는가?

주변에 로또를 사고 도박을 하는 사람 중에 과연 몇이나 큰 돈을 벌었는가? 그렇다면 당신은 매주 로또에 당첨되기 위해 꼬박꼬박 정기적으로 로또를 사주는 사람이 되고 싶은가? 아니면 변화의 시기, 새로운 비전 속에서 노력하며 일궈가는 인간다운 삶을 살고 싶은가?

앞서도 이야기했지만 돈은 허상과 같아서 쫓아다닐수록 사람을 절박함 속으로 몰아낸다. 즉 돈을 쫓아다니는 것과, 돈이 쫓아오도록 만드는 것은 분명히 다르다. 그렇다면 돈이 쫓아오도록 만드는 힘은 과연 어디에 있는 것일까?

이 책은 그것이 '네트워크비즈니스 시스템'에 있다고 말한다. 이를테면 시스템은 돈이 일정한 통로를 통해 들어올 수 있도록 만드는 사막의 파이프라인과 같은 것이다. 만드는 데 어느 정도 수고와 시간은 들어도 일단 구축해 놓으면 정기적으로 일정한 이익을 얻을 수 있으며, 그 결과 또한 뜬구름이나 허상이 아닌 현실에서 경제적 자유를 누리는 것이다. 게다가 노력 여하에 따라 시스템을 복제해 더 큰 파이프라인을 건설함으로써 더 큰 이익을 얻을 수 있다.

이 사업을 시작하기로 마음먹었다면, 앞서 설명한 시스템을 철저히 반복하고 익히겠다고 결심해야 한다. 이것이 이 사업을 시작하는 가장 중요한 첫 걸음임을 명심하자.

2

지식을 통해 자신감을 쌓아라

어떤 사업 설명회를 가보면, 이 사업이 어떤 배경에서 탄생했고 사회의 어떤 변화와 맞물려 급성장하고 있는지 등의 배경지식은 언급도 않고, 무조건 사업을 하면 성공한다고 역설한다.

그러나 성공도 결국은 시대 읽기와 관련이 있는 만큼 시기를 잘 타야 하며, 지금 네트워크마케팅이 요구 받는 이유도 바로 시대가 그것을 원하기 때문이다. 만일 앞으로 100년 후, 또는 과거 100년 전에 네트워크마케팅이 등장했다면 아마 지금과 같은 급성장을 거듭하기 어려웠을 것이라는 뜻이다.

따라서 이 사업을 준비하려 한다면 그 전에 많은 경험을 가진 이들을 통해 네트워크 사업의 장점과 단점, 시대 속에서

이 사업이 어떤 의미를 지니는지, 어떤 흐름으로 성장 기회를 잡을 수 있는지 등을 보다 상세히 파악해 둘 필요가 있다. 즉 정보와 지식을 수집하고 분석하는 부지런함이 없이는 이 사업에서 성공할 수 없다는 뜻이다.

예를 들어 누군가 "당신은 성공을 꿈꾸고 있는가?"라며 물으면 아마 다들 그렇다고 말할 것이다. 하지만 "성공을 위하여 당신은 무엇을 알고, 어떻게 움직이고 있는가?"라고 물으면 꿀 먹은 벙어리가 되는 사람이 많다. 대부분은 그저 부자가 되고 싶다는 막연한 희망만 언급한다.

할 수 있다는 자신감도 중요하지만 결국 자신감은 시대의 변화를 읽을 수 있는 능력에서 나온다는 점을 기억하고, 다양한 책과 강의, 세미나 등을 통해 이 사업에 대한 다양한 지식을 습득하도록 하자.

3

회사 선택에 신중을 기하라

최근 네트워크마케팅 업체들 수가 늘어나면서 어떤 업체와 어떤 상품을 선택할 것인가가 매우 중요한 문제가 되었다.

업체 선택 자체가 사업의 향방을 결정짓는 요소가 되기 때문이다.

예를 들어 이 세상에는 불법 피라미드 회사도 있고, 성장가도를 달리는 건실한 네트워크마케팅 회사도 있다. 이 중에 자칫 불법 피라미드 회사를 선택할 경우, 그 사업은 아무리 노력해도 이미 실패할 수밖에 없다. 따라서 꿈을 이루고 싶다면 무조건 노력하겠다고 다짐하고 서두르기보다는, 업체 선정을 다각적으로 확인 점검해 시행착오를 줄여야 한다.

● 네트워크 회사를 선택할 때 고려해야 할 핵심 포인트

• 경영 이념 : 회사와 사업자 모두에게 이득이 되는지를 살펴본다.

• 시스템 : 마케팅 플랜, 프로그램을 살펴 과연 비전이 있는 시스템을 가졌는가, 합리적 마케팅으로 영속성이 있는가를 따진다.

• 상품 : 회원의 입소문으로 확산될 수 있을 만큼 품질 좋은 상품인가를 판단한다.

• 관계된 사람들의 신뢰도 : 회사 주직원 등이 신뢰감을 주는지 알아본다.

• 자신감 : 본인의 능력과 적성 등을 고려해 할 수 있을지를 가늠한다.

그런가 하면 사전에 확인해야 할 몇 가지 사항들도 더 있다.

첫째, 회사의 법률적 등록번호를 반드시 확인한 뒤, 의심스러운 점이 있으면 일단 가입을 보류한 뒤 사실을 확인해야 한다. 불법 회사들의 경우 등록번호가 있을 수가 없고, 조금만 세밀히 조사하면 이 부분은 금방 알 수 있다. 또한 불법 회사의 사업자로 활동하게 되면 자신도 범법자가 되므로 이 부분에서 각별한 주의가 요구된다.

둘째, 그 회사의 취급 상품을 면밀히 검토하는 일도 필요하다. 내가 자신감 있게 활동하려면 상품 및 시스템이 안정적이어야 한다. 네트워크 상품들은 광고나 판촉이 따로 없는 만큼 품질로 승부하는데 그 가격과 품질이 유사제품에 비하여 충분한 경쟁력을 지녀야 사업성이 있기 때문이다.

셋째, 절차를 확인해 기회가 충분한지도 알 필요가 있다. 만일 내 단계가 지나치게 하위라면 이미 다운라인을 모집할 가능성이 줄어들고 수익도 적다. 따라서 탄탄하면서도 포화 상태가 아닌 회사를 선택하도록 해야 한다.

넷째, 그 회사가 수입이나 직급 등을 빌미로 무리하게 실적을 부추기는지를 검토해야 한다. 또한 회사 분위기가 지나치게 실적 위주라면 그곳은 얼마 안 가 사업자가 지쳐 버리거나 무리한 행동을 불러일으킬 수 있는 곳임을 명심해야 한다.

위의 네 가지는 어떤 네트워크 회사를 선택하든지 반드시 점검해야 할 목록인 만큼 한 단계마다 징확하게 조사에 임하고 결정해야 할 것이다.

청약 철회 제도, 피해 보상 제도를 알아두자

최근 발생한 엄청난 금액의 다단계 피해는 각각의 사업자들이 꼭 알아두어야 할 법적인 조항을 점검하지 않았던 것도 일부 원인으로 작용했다. 만일 이런 법적 사항을 잘 알아두고 미리 점검했더라면 피해액도 훨씬 감소했을 것이다. 다음은 조직 가입 전에 미리 알아두어야 할 사항들이다.

첫째, 올바른 네트워크 회사는 탈퇴 의사를 표시한 후 언제든지 탈퇴할 수 있으며, 업체는 탈퇴에 대해 어떠한 조건도 부과해서는 안 된다. 또한 사업자도 그때까지 판매하지 못한 상품을 업체에 반환해 상품 대금을 환불받을 수 있다. 만일 업체가 폐업을 하거나 방문판매 등에 관한 법률을 위반해 등록이 취소된 경우 공탁금에서 상품대금을 환불받을 수 있다는 점을 알아두자.

둘째, 14일 이내이면 청약을 철회할 수 있다. 즉 상품을 구매하거나 서비스를 제공받았더라도 다음의 기간 내에 제품이 훼손되지 않았다면 언제든지 청약을 철회할 수 있다.

- 계약서를 교부받은 때로부터 14일 이내
- 계약서를 교부받은 때보다 상품의 인도 또는 서비스의 제공이 늦게 이루어진 때에는 상품을 인도받거나 서비스를 제공받은 부터 14일 이내
- 계약서를 교부받지 않았거나 주소 등이 기재되지 않은 계약서를 교부받은 경우, 또는 네트워크 마케팅 업체의 주소가 변경되는 등의 이유로 청약을 철회할 수 없을 경우에는 그 주소를 안 날 또는 알 수 있었던 날로부터 14일 이내
- 소비자가 청약의 철회의사를 표시한 서면을 발송했을 경우에는 서면을 발송한 날 그 효력이 발생한 것으로 간주된다.

참고로 환불을 쉽게 받으려면 사업자보다는 네트워크 마케팅 업체에 직접 청약을 철회하는 편이 낫다.

셋째, 소비자 피해보상제도를 적용받을 수 있다. 2002년 7월 1일부터 네트워크마케팅 업체가 폐업하거나 부도가 나도 구입한 물품의 대금을 쉽게 반환 받을 수 있게 되었다. 업체들마다 소비자들의 물품 반환에 대비해 3개월분 매출액 규모를 소비자 피해 보상보험에 의무적으로 가입하도록 되었기 때문이다.

마지막으로, 네트워크 마케팅 업체들이 판매할 수 있는 1개 물품의 가격 한도가 현재 최고 130만원에서 160만원으로 바뀌었다는 사실도 염두에 두는 것이 좋다.

4

도전하고 또 도전하라

시작하기만 하면 성공하는 사업이 있다면 얼마나 좋겠는가? 그러나 현실은 그렇지 않다. 새로운 일을 시작하려면 누구나, 어느 정도 리스크를 감수해야 한다는 의미다.

네트워크비즈니스도 마찬가지다. 아무리 훌륭한 시스템을 갖춘 안정적인 회사라고 해도, 사업을 일구어가는 것은 그 자신이며, 따라서 과정에서 부딪치는 장애 또한 현명하게 이겨내야 한다. 설사 어려운 길처럼 보여도 리스크를 감수하고 움직이라는 뜻이다.

일본의 유수 전기회사인 마쓰시타의 사례는 미래를 내다보며 위험을 감수한 대표적인 사례이다. 1950년 무렵, 흑백 TV 보급률이 고작 5퍼센트였던 무렵 마쓰시타는 보급률의 급상

승을 예측하고 대대적인 투자를 감행했다. 당시 여론은 마쓰시타의 투자가 무리하고 어리석은 것이라고 단정했지만, 바로 다음해 흑백 TV의 보급률은 폭발적인 성장을 거듭했고 그 결과 마쓰시타 전기는 일본 TV 시장을 석권할 수 있었다. 이는 TV가 얼마 안 가 인기 상품이 될 것이라는 정확한 예측, 상식을 뛰어넘는 마쓰시타 고노스케의 높은 이상과 정확한 분석, 단호한 결단력이 있었기에 가능했다.

차를 운전한다고 치자. 커브길이 나타나면 속도를 늦추고 자연스럽게 핸들을 꺾는다. 이때 그 길을 몇 번 다녀본 사람은 어디서 핸들을 꺾고, 어느 지점에서 기어를 바꿔야 할지 예측할 수 있다. 하지만 낯선 곳에서 차를 몰면 그런 예측이 불가능하므로 어디서 브레이크를 밟거나 기어를 올릴지 망설이게 된다.

네트워크비즈니스도 마찬가지다. 아무리 이론적으로는 쉬워 보여도 막상 들어서면 자신이 모르는 문제들이 발생할 수 있으며, 이런 어려움들을 이겨낼 만한 인내와 힘이 필요하다. 행운으로 들어서는 커브 길은 언제나 우리에게 다가온다. 중요한 것은 어느 지점에서 핸들을 꺾어야 할지 '시의적절한 결단'을 내려야 한다.

네트워크마케팅은 자신이 얻고자 하는 만큼 수익을 얻을 수 있는 시스템임은 틀림없다. 사회에 만연한 남녀 차별도 없고, 능력에 따라 성공하고, 수익을 받는다.

그렇다고 이것이 아무나 할 수 있는 일인 것은 아니다. 누구나 도전은 해볼 수 있겠지만, 이 사업에서 성공하려면 반드시 '경험'이 필요하다.

우리가 새로운 일을 시작할 때 겁을 먹는 것도 바로 이 경험이 없어서다. 하지만 처음부터 경험이 풍부한 사람은 아무도 없으니 크게 걱정할 필요는 없다. 네트워크 사업에서는 앞서 이 사업을 시작한 사람들을 통해 얼마든지 배울 수 있기 때문이다.

네트워크마케팅에는 다운라인과 업라인 사이의 견고한 유대관계를 통해 리드해 주는 시스템이 구축되어 있다. 따라서 혼자서 이 사업을 잘할 수 있을 때까지 도움의 손길을 받을 수 있다. 협력하여 서로를 도와야 더 많은 사람이 이익을 얻기 때문이다.

물론 처음 시작할 때의 어려움, 여러 가지 리스크는 있을 수 있다. 그러나 그런 최소의 리스크를 가지지 않는 사업은 애초에 존재하지 않으며, "돈 얻고 사람 잃는" 대신 네트워크마케팅은 "돈 얻고 사람까지 얻었다"고 자랑스럽게 말할 만한 사업임을 알아둘 필요가 있다.

기회는 도전하는 사람만이 거머쥘 수 있다

현대사회라는 거대한 패러다임은 미로와 같다. 가끔은 길을 잃거나 잘못된 길로 들어서기도 한다. 반면 이 세상은 예상치 못한 행운을 안겨주기도 한다. 즉 현대사회는 복잡한 만큼 선택할 수 있는 방향도 다양하다.

직업이나 사업에서도 마찬가지다. 성공 가능성이 높은 사업은 무엇보다도 내가 잘 할 수 있는 사업, 나아가 이 시대가 요구하는 사업이어야 한다.

일상생활의 소비 패턴을 바꾸는 것만으로도 수익 일부를 인세처럼 평생 지급받을 수 있다면 어떻겠는가? 나아가 학벌도 연령 제한도 없고, 나아가 큰 자본도 필요 없는 사업이라면? 누구나 시작할 수 있는 이 기회를 그냥 흘려보내겠는가?

네트워크 비즈니스는 네트워크와 소비문화의 발달이라는 지금의 현실을 발판으로 시작할 수 있는 가장 위험성 적은 사업이자, 무한대로 성장과 확장이 가능한 꿈의 사업이다. 길면 길다고 할 수 있는 우리 100년의 인생에는 몇 번의 기회가 찾아오고, 결국 그 기회는 도전하는 사람만이 거머쥘 수 있다.

가슴에 품어온 꿈에 믿음을 가지고, 그것을 쫓는 이들에게 인생은 길고 아름다운 여정이다. 이제는 잃어버린 꿈을 다시 되찾아 현실 속에서 자신의 길을 재창조해가야 한다.

경제적 자유는 결코 무리한 투자 속에 있지 않다. 미래를 바꾸겠다고 생각했다면 눈앞의 현실을 정리하고 미래를 설계하라. 지금 긍정적인 첫 걸음을 떼는 순간, 여러분의 삶으로 다가올 행복도 결코 멀지 않은 것이 될 것이다.

_비즈니스 용어와 호칭

시스템 용어해설

스폰서(Sponsor) : 네트워크 비즈니스의 정보를 준 사람

프론트(Front) : '내' 가 전달한 사람

다운라인(Down Line) : 프론트로 부터 전달받은 사람

업-라인 (Up Line) : 스폰서의 스폰서

전달 체계를 통한 네트워커의 호칭

업라인 스폰서 : 〈 스폰서 〈나〉 프론트 〉 다운라인

홈미팅 (Home Meeting) : 처음 사업을 시작하는 사람과 사업을 하고 있는

파트너간의 정보교류를 위한 사람들의 모임

그룹미팅 (Group Meeting) : '나' 로부터 시작한 사람들의 미팅

랠리(Rally) : 네트워커가 이룬 [성취]에 대해 축하해 주는 모임

펑션(Function) : 그룹의 리더들이 [성취]한 네트워커를 축하해 주는 모임

컨벤션(Convention) : 회사에서 성취한 네트워커를 축하해 주는 모임

고- 게터(Go Getter) : 실행합시다

에스티피(Show The Plan) : 사업설명

더 팔로우 업(The Follow Up) : 네트워커가 사업을 계속할 수 있도록 스폰서가

지속적으로 자료제공과 정보전달을 하는 것

엘오에스(Line Of Sponsorship) : 스폰서 라인

드림빌더(Dream Builder) : 일명 네트워커를 지칭하는 말로써

[꿈을 만드는 사람]이라는 뜻이며 네트워크마케팅의 근본 취지가 표현되는 말

_사업이 어렵다고요?

내게 어떤 사업 지원 자료가 필요할까?

이 질문에 대한 대답은 '사업진행에 따라서 다릅니다' 입니다!

그것은 여러분이 얼마나 큰 네트워크를 얼마나 빨리 이루고자 하느냐에 따라 달라집니다. 네트워크 사업은 여러분이 생각하시는 것처럼 한가지로 정해져 있는 것이 아닙니다.

물론 그동안의 경험을 통해서 우리는 여러분이 성공을 향해 나아가는 데 있어서 우선적으로 중요하게 생각해야 하는 내용이나 기술이 어떤 것들인지 알려 드릴 수 있습니다. 많이 아는 만큼 사업진행도 좋아지는 동시에 자신감도 생길 수 있기 때문에, 지식을 쌓는 것은 무엇보다도 중요합니다.

여러분이 네트워크 사업을 진지하게 생각하면서 전문가가 되고 싶어 하신다면, 처음부터 제대로 된 사업지원 자료(TOOL)를 가지고 시작하셔야 합니다.

시작 단계에서 올바른 결정을 내리신다면 더욱 효율적이고 효과적으로 사업을 하실 수 있을 뿐 아니라 다른 사람들도 여러분이 하시는 그대로 따라 하게 될 것이기 때문에, 장기적으로 보면 시간과 돈을 절약하는 것이 됩니다.

다음에 제시되어 있는 것은, 여러분이 가장 효과적으로 사업을 진행하실 수 있도록 추천해드리는 '툴'의 목록입니다.

시스템에서 추천하는 도서 리스트

No	도 서 명	분류	저 자
1	변화 속의 기회	컨택용	박창용 지음
2	이렇게 살아도 되는 걸까	컨택용	백상철 지음
3	나우! 유턴	컨택용	최병진 지음
4	아바타 수입	컨택용	김종규 지음
5	거절을 YES로 바꾸는 사업설명회의 비밀	컨택용	강형철 지음
6	우분투 수입	컨택용	김종규 지음
7	네트워크마케터를 위한 초기 3개월 성공테크	사업진행용	김청흠 지음
8	네트워크마케팅 시스템을 알면 성공한다	사업진행용	석세스기획연구회 지음
9	네트워크 마케터 이혜숙이 그린 꿈의 지도 4,300원의 자신감	사업진행용	이혜숙 지음
10	네트워크 비즈니스가 당신에게 알려주지 않는 42가지 비밀	사업진행용	허성민 지음
11	고객을 내편으로 만드는 액션플랜	사업진행용	이내화 지음
12	네트워크 비즈니스의 비밀 그게 가능해?	사업진행용	서진숙 지음
13	네트워크 비즈니스 어떻게 하면 잘할 수 있을까	사업진행용	강형철 지음
14	감사의 습관이 기적을 만든다	마인드	정상교 지음
15	리더의 격	리더십	김종수 지음
16	최고 인맥을 활용하는 35가지 비결	리더십	박춘식·장성철 지음
17	성장을 주도하는 10가지 리더십	리더십	안희만 지음
18	1등이 아니라 1호가 되라	리더십	이내화 지음
19	살아가면서 한번은 당신에 대해 물어라	리더십	이철휘 지음
20	출근시작 30분 전	리더십	김병섭 지음
21	인생 반전	리더십	이내화·김종수 지음
22	독한 시간	인문	최보기 지음
23	독서로 말하라	인문	노충덕 지음
24	공부 유감	인문	이창순 지음
25	앎	인문	김선호 지음

시스템에서 추천하는 건강도서 리스트

No	도 서 명	분류	저 자
1	비타민, 내 몸을 살린다	건강	정윤상 지음
2	물, 내 몸을 살린다	건강	장성철 지음
3	면역력, 내 몸을 살린다	건강	김윤선 지음
4	영양요법, 내 몸을 살린다	건강	김윤선 지음
5	온열요법, 내 몸을 살린다	건강	정윤상 지음
6	디톡스, 내 몸을 살린다	건강	김윤선 지음
7	생식, 내 몸을 살린다	건강	엄성희 지음
8	다이어트, 내 몸을 살린다	건강	임성은 지음
9	통증클리닉, 내 몸을 살린다	건강	박진우 지음
10	천연화장품, 내 몸을 살린다	화장품	임성은 지음
11	아미노산, 내 몸을 살린다	건강	김지혜 지음
12	오가피, 내 몸을 살린다	건강	김진용 지음
13	석류, 내 몸을 살린다	건강	김윤선 지음
14	효소, 내 몸을 살린다	건강	임성은 지음
15	호전반응, 내 몸을 살린다	건강	양우원 지음
16	블루베리, 내 몸을 살린다	건강	김현표 지음
17	웃음치료, 내 몸을 살린다	건강	김현표 지음
18	미네랄, 내 몸을 살린다	건강	구본홍 지음
19	항산화제, 내 몸을 살린다	건강	정윤상 지음
20	허브, 내 몸을 살린다	건강	이준숙 지음
21	프로폴리스, 내 몸을 살린다	건강	이명주 지음

No	도 서 명	분류	저자
22	아로니아, 내 몸을 살린다	건강	한덕룡 지음
23	자연치유, 내 몸을 살린다	건강	임성은 지음
24	이소플라본, 내 몸을 살린다	건강	윤철경 지음
25	건강기능식품, 내 몸을 살린다	건강	이문정 지음
	내 몸을 살리는 시리즈 (도서는 계속 출간됩니다)		
01	내 몸을 살리는, 노니	건강	정용준 지음
02	내 몸을 살리는, 해독주스	건강	이준숙 지음
03	내 몸을 살리는, 오메가-3	건강	이은경 지음
04	내 몸을 살리는, 글리코영양소	건강	이주영 지음
05	내 몸을 살리는, MSM	건강	정용준 지음
06	내 몸을 살리는, 트랜스퍼 팩터	건강	김은숙 지음
07	내 몸을 살리는, 안티에이징	건강	송봉준 지음
08	내 몸을 살리는, 마이크로바이옴	건강	남연우 지음
09	내 몸을 살리는, 수소수	건강	정용준 지음
10	내 몸을 살리는, 게르마늄	건강	송봉준 지음

네트워크마케팅 시스템을 알면 성공한다

1판 1쇄 인쇄 | 2003년 02월 24일   **개정7쇄** 발행 | 2017년 04월 10일
1판 4쇄 발행 | 2009년 07월 15일   **개정8쇄** 발행 | 2017년 12월 30일
개정1쇄 발행 | 2014년 07월 16일   **개정9쇄** 발행 | 2019년 03월 25일
개정6쇄 발행 | 2016년 02월 12일   **개정10쇄** 발행 | 2023년 01월 31일

지은이 | 석세스기획연구회
발행인 | 이용길
발행처 | 모아북스
　　　　　MOABOOKS

관리 | 양성인
디자인 | 이룸

출판등록번호 | 제 10-1857호
등록일자 | 1999. 11. 15
등록된 곳 | 경기도 고양시 일산동구 호수로(백석동) 358-25 동문타워 2차 519호
대표 전화 | 0505-627-9784
팩스 | 031-902-5236
홈페이지 | http://www.moabooks.com
이메일 | moabooks@hanmail.net
ISBN | 978-89-97385-46-1   03320